예배의 감격에 빠져라

예배의 감격으로 오늘도 승리합니다

김남준

생명의말씀사

김남준 1993년 열린교회를 개척하여 담임하고 있으며, 총신대학교 신학과 교수로 가르치고 있다. 청소년 시절, 실존적 고민으로 혹독한 방황을 했다. 스물한 살 때 톨스토이를 읽고 기독교에 귀의했다. 아우구스티누스와 조나단 에드워즈, 칼뱅과 존 오웬을 오랜 세월 사숙했다. 인생길에서 방황하는 이들이 기독교에서 진리를 발견하고 사랑함으로 선하고 아름다운 삶을 살게 하는 것이 소원이다.

1997년 이래 기독교 출판문화상을 4회 수상했다(1997, 2003, 2005, 2015). 저서 중 약 40만 부가 판매된 『게으름』은 미국에서 *Busy for Self, Lazy for God*으로, 중국에서 『懶惰』로 번역 출간되었다. 그 외에도 『죄와 은혜의 지배』, 『신학공부, 나는 이렇게 해 왔다』, 『염려에 관하여』, 『다시, 게으름』, 『시험에 관하여』(이상 생명의말씀사), 『아무도 사랑하고 싶지 않던 밤』(김영사) 등 다수의 저서가 있다.

예배의 감격에 빠져라

ⓒ 생명의말씀사 2010, 2022

2010년 5월 10일 1판 1쇄 발행
2021년 4월 2일 12쇄 발행
2022년 2월 18일 2판 1쇄 발행
2023년 3월 3일 6쇄 발행

펴낸이 | 김창영
펴낸곳 | 생명의말씀사

등록 | 1962. 1. 10. No.300-1962-1
주소 | 서울시 종로구 경희궁1길 6 (03176)
전화 | 02)738-6555(본사) · 02)3159-7979(영업)
팩스 | 02)739-3824(본사) · 080-022-8585(영업)

지은이 | 김남준
사진 | 김남준

기획편집 | 태현주, 김정주
디자인 | 조현진, 윤보람
일러스트 | 박혜
인쇄 | 영진문원
제본 | 보경문화사

ISBN 978-89-04-16785-2 (04230)
ISBN 89-04-18050-3 (세트)

저작권자의 허락없이 이 책의 일부 또는 전체를
무단 복제, 전재, 발췌하면 저작권법에 의해 처벌을 받습니다.

예배의 감격에 빠져라

목차

재출간에 부치며 예배의 감격을 회복하라   6

책을 열며. 어떤 예배자   9
어느 가족의 예배 이야기

제1장. 한 소년의 고백   19
하나님을 만나는 예배입니까?

제2장. 예배 견디기   45
성령 안에서 드리는 예배입니까?

제3장. 예배와 진리   83
진리 안에서 드리는 예배입니까?

제4장. 들어야 할 목소리   103
말씀에 귀 기울이는 예배입니까?

제5장. 밤나무의 추억　129
삶으로 드리는 예배입니까?

제6장. 예배와 헌금　155
모든 것을 드린 예배입니까?

제7장. 어느 사형수의 노래　181
마음에 노래가 있는 예배입니까?

제8장. 더 값진 예물　211
참회가 있는 예배입니까?

제9장. 웃기는 심포지엄　233
하나님보다 더 즐거운 것이 없습니까?

참고 문헌　254

재출간에 부치며

예배의 감격을 회복하라

무기력하게 드려지는 예배에 가슴이 아파 책을 썼습니다. 그리고 예기치 않게 독자들의 큰 사랑을 받았습니다. 많은 독자들이 예배 현실에 함께 아파해 주었습니다. 바로 25년 전 출간되어 약 13만 부가 팔린 『예배의 감격에 빠져라』(규장 1997년 초간, 생명의말씀사 2010년 복간)입니다.

그 후 많은 세월이 흘렀지만 예배에 대한 관심은 사라지지 않았습니다. 오히려 증가하였습니다. 예배를 대신하여 은혜를 끼치려는 프로그램들이 제시되었지만, 그럴수록 참된 예배에 대한 갈망은 더욱 깊어졌습니다.

예배의 본질은 하나님과의 만남입니다. 이를 위해 예배는 진리와 성령 안에서 드려져야 합니다. 예배 안에서 동일한 하나님을 경험함으로 성도들은 지체로 살아갈 수 있습니다.

우리의 예배는 충분하지 않습니다. 부분적으로는 신앙적 무지로, 또 부분적으로는 영적인 무기력 때문에 그렇습니다. 그러나 지금도 예배를 통해 하나님을 만나기를 갈망하는 신자들이 있습니다. 그들의 간절한 기도가 이루어지기를 바랍니다.

20년이 넘는 세월이 흘렀지만, 처음 출간된 책의 내용을 크게 변경할 필요를 느끼지 못했습니다. 다만 요즘 시대에 맞게 간결한 문장과 박진감 있는 필체로 다시 썼는데, 이는 더 잘 읽히게 하기 위함입니다.

부디 이 책을 통하여 조국 교회의 그리스도인들이 예배의 감격을 누리게 되기를 기도합니다.

2022년 1월
그리스도의 노예 **김남준**

오늘날, 누룩처럼 번지는 예배 의무에 대한 태만은 교회의 영적인 침체를 그대로 반영합니다. 배교에 가까운 형식주의와 냉담한 예배에 대해 각성하지 않으면 하늘의 복을 기대할 수 없습니다.

책을 열며. 어떤 예배자

어느 가족의 예배 이야기

"헛된 제물을 다시 가져오지 말라 분향은 내가 가증히 여기는 바요
월삭과 안식일과 대회로 모이는 것도 그러하니
성회와 아울러 악을 행하는 것을 내가 견디지 못하겠노라"
이사야 1장 13절

"엄마, 아빠! 오늘은 예배 시간에 졸지 마. 나 창피하단 말이야. 알았지?" 주일 아침. 교회로 가면서 양쪽에 엄마 아빠 손을 잡은 어린아이가 말했습니다.

그들이 교회에 도착했을 때는 이미 성가대의 송영이 끝나고 신앙 고백을 하고 있었습니다. 부부는 윗몸을 숙이고 빈자리를 찾아 간신히 자리에 앉았습니다. 예배가 시작된 지 벌써 5분쯤 지났을 때였습니다.

주보에 적힌 별 표시를 따라 앉았다 일어났다 하면서 예배를 드렸습니다. 교독문을 읽은 후, 지루하게 느껴지는 장로님의 대표 기도가 끝나자 성경 봉독이 있었습니다. 성가대가 찬양을 했고, 이윽고 설교 시간이 되었습니다.

그날따라 유난히 길게 느껴지는 설교였습니다. 귀에는 설교가 들렸으나 눈으로는 주보를 보고 있었습니다. 교회 소식을 낱

낱이 읽고 틀린 글자를 잡아내며 시간을 보냈습니다. 설교는 계속되고 있었습니다.

잠시 후, 두 사람의 몸이 좌우로 흔들리기 시작했습니다. 한 주간의 피로가 엄습하며 졸음이 몰려왔습니다. 설교자의 어조가 상승할 때에는 졸음에 겨운 눈을 치켜떴지만, 무거운 추가 달린 듯 눈꺼풀은 이내 다시 감겼습니다. 설교를 듣는다기보다는 졸음과 힘겹게 싸우고 있었습니다.

그때 아이가 참을 수 없다는 듯 칭얼대며 졸랐습니다. "엄마, 아빠! 졸지 말고 빨리 요금 내고 집에 가자."

이 짧은 예화는 오늘날의 예배 생활을 꼬집고 있습니다. 처음에는 웃었지만, 곧 심각해지지 않을 수 없었습니다.

참된 예배 정신을 잃은 시대

교회가 당면하고 있는 문제가 있습니다. 심각합니다. 그것은 예배의 감격이 사라지고 있는 것입니다. 그래서 많은 신자들에게 예배는 형식적 의례에 지나지 않습니다.

예배 속에서 하나님을 뵈옵고자 하는 갈망이 없습니다. 진리의 말씀에 불붙은 설교도 사라졌습니다. 참회하는 예배자들의 눈물도 없습니다.

예배드리는 시간은 점점 짧아지고 있습니다. 감염병 사태로, 이제는 교회에 와서 예배드린다는 개념조차 희미해지고 있습니다.

초등학생 때, 목사님은 종종 이렇게 말씀하셨습니다. "여러분, 두 시간 예배드리고 가는 것으로 신앙생활 잘한다고 생각하면 안 됩니다."

점차 세월이 흐르면서 목회자들은 이렇게 말하기 시작했습니다. "일주일에 한 번, 한 시간 예배드린다고 해서 예수 잘 믿는 것이 아닙니다." 그동안 주일 예배 시간이 얼마나 짧아졌는지를 보여줍니다.

주일 낮예배. 언제나 정해진 시각에 시작해서 예정된 시각에 끝납니다. 예배가 끝나고 커다란 출입문이 열리면, 교인들은 앞다투어 쏟아져 나옵니다. 예배당 돌계단에는 정오의 햇빛이 쏟아집니다.

계단을 내려오는 교인들에게서 세상을 변화시킬 영적 군사의 모습을 볼 수 있습니까? 예배가 끝났지만 예배당 구석에 남아 회개하며 흐느끼는 사람들을 발견할 수 있습니까?

세상과 자신을 이기고자 결의에 찬 마음으로 예배당을 나서는 사람들은 너무나 소수입니다.

"그렇습니다. 하나님, 오늘 깨달은 말씀대로 어두운 세상을 불꽃처럼 살아가게 해주옵소서." 이렇게 되뇌면서 뺨 위에 흐르는 눈물을 손등으로 닦으며 예배당을 나와야 합니다. 그래도 세상을 이기며 사는 게 쉽지 않습니다. 그러나 오늘날 대부분의 교인들을 보십시오. 해방감을 느끼며 예배를 마칩니다. "휴우, 드디어 예배가 끝났다!"

예배드릴 때는 그렇게 우울해 보이던 사람들이 끝날 때면 그렇게 행복해 보일 수 없습니다. 그들 중 태반은 예배 시간에 들은 설교의 성경 본문도 기억하지 못합니다.

이렇게 드려지는 예배에 하나님은 계시지 않습니다. 거룩하신 하나님이 왜 거기에 오시겠습니까?

필요한 영적 진단

신앙의 수준은 예배가 말해 주고, 예배의 수준은 신자의 삶에 묶입니다. 신자는 예배를 능가하는 삶을 살 수 없고, 삶을 능가하는 예배도 드릴 수 없습니다.

어떤 사람들은 힘을 잃어 가는 예배에 답답해합니다. 그래서 여러 가지 시도를 합니다. 예배는 다 그런 거라고 생각하고 다른 프로그램들을 도입하기도 합니다. 그것으로써 교인들에게 감동을 주려는 것이지요.

그런가 하면, 예배 속에 즐길 만한 요소를 도입하기도 합니다. 연극과 공연 등 다양한 볼거리를 제공합니다. 예배를 엔터테인먼트 프로그램처럼 만드는 것이지요. 이런 시도들이 예배 분위기를 바꿀 수는 있을 것입니다. 그러나 예배의 감격을 회복하게 하지는 못합니다.

영적인 각성이 필요하던 시기에, 교회는 이런 식으로 예배를 드렸습니다. 예배를 드리고 있다고 생각했습니다. 쉽게 얻는 구원, 자기 깨어짐이 없는 신앙생활이 일반화되었습니다.

신앙에 대해 무엇을 느끼든 중요하지 않습니다. 더 중요한 것은 사실입니다. 하나님의 평가입니다. 혹시 하나님은 이런 교회들을 살았다는 이름은 가졌으나 죽은 자로 여기지 않으실까요?(계 3:1)

영적 풍성함을 누렸던 때에 당신이 어떻게 예배드렸는지를 돌아보십시오. 하나님과의 감격적인 만남이 예배 속에서 어떻게 이루어졌는지 생각해 보십시오. 예배를 통해 하나님의 은혜에 눈물 흘린 것이 언제였는지 반성해 보십시오.

초대 교회 성도들이 오늘날 예배 현장에 찾아온다면 뭐라고 하겠습니까? 사도들이 강단에 선다면 무엇을 생각하겠습니까? 종교 개혁자들과, 위대한 부흥의 시기에 살아 있는 예배를 드렸던 성도들이 우리와 함께 예배드린다면 과연 만족할 수 있을까요? 이제 이런 질문들에 답해야 할 때입니다.

예배의 목적은 하나님께 영광을 돌리는 것입니다. 그 목표는 하나님과 만나는 것입니다.

예배를 통해서 신령한 은혜를 받아야 합니다. 그것을 우리의 영적 생활의 근원으로 삼아야 합니다.

그리고 하나님과 만나는 예배가 되기 위해서, 그 예배는 진리와 성령 안에서 드려져야 합니다.

이 책에서 예배에 관해 논하는 것은 단지 한가로운 토론이나 해보자는 것이 아닙니다. 독자들로 하여금 하나님 만나는 예배를 사모하게 하려는 것입니다. 이 책을 진지하게 읽음으로 참된 예배자가 되게 하려는 것입니다.

오늘날 교회가 거룩한 예배를 회복하게 되기를 소망합니다. 이제 그 소망은 제게 피어린 갈망이 되었습니다. 왜냐하면 예배의 회복 없이는 신앙의 회복도, 교회의 회복도 없기 때문입니다.

교회의 영광은 예배의 영광입니다. 아아, 언제쯤이면 예배 때마다 하나님의 영광이 교회에 가득하게 될까요? 그날이 올 때까지 마음을 다해 기도합시다.

우리의 예배가 불꽃처럼 드려지도록…….

예배는 하나님과의 만남입니다. 진정한 교회 됨은 이 약속된 은혜의 수단을 회복함으로써 이뤄집니다. 진정한 교회는 참된 예배 공동체이기 때문입니다.

제1장. 한 소년의 고백

하나님을 만나는 예배입니까?

"……아버지께서는 자기에게 이렇게 예배하는 자들을 찾으시느니라"
요한복음 4장 23절

주일 예배 시간에 성령을 소멸치 말라는 목사님의 설교를 통해서 주님은 내가 처한 큰 위험과 예수 그리스도에 대한 절대적 필요성을 가르쳐 주셨습니다. 그리고 어제는 그러한 깨달음이 너무나 절실히 느껴져서 마음이 벅차올랐습니다. 나는 크게 부르짖을 수밖에 없었습니다. 좋으신 주님과의 소중한 사귐 없이는 더 이상 살 수가 없었습니다. 성경에 기록된 그 값비싼 진주를 손에 넣을 때까지, 나는 먹지도 마시지도 못하고 잠들 수도 없었습니다.

나는 죄에 대하여 충분히 슬퍼하지 않았거나 다른 사람들처럼 마음 아파하지 않은 것이 아닐까 하여 너무나 두려웠습니다. ……아! 하지만 예수 그리스도께서는 내 소원대로 나를 기꺼이 받아 주시고 구원하시길 기뻐하신다는 사실을 믿게 해주셨습니다. ……그분은 고통 가운데 십자가에 못 박히시고, 하나님의 진노의 불을 끄셨습니다. 그리고 이제는 수많은 성도들과 천사들로 둘러싸이신 채 당신의 나라에서 높임을 받으시고 모든 영광과 위엄으로 관 쓰신 것을 보았습니다. 아! 이 모든 것들은 나로 하여금 예수님을 말할 수 없으리만치 소중하고 사랑스러운 분으로 느끼게 하였습니다.[1]

이 간증은 예배를 통해 하나님을 만난 신자의 고백입니다. 1749년과 1750년 네덜란드의 흐로닝언(Groningen)에서 일어났던 영적 각성과 회심의 역사를 소개한 자료에서 인용한 것으로, 당시 네덜란드에 있던 목사가 스코틀랜드의 동역자에게 보낸 편지에 나오는 내용입니다. 그런데 놀랍게도 이 간증을 한 사람은 11세도 채 안 된 어린이였습니다.

---

[1] John Gillies, *Historical Collections of Accounts of Revival* (Edinburgh: The Banner of Truth Trust, 1981), 492.

영원히 목마르지 아니할 물

사마리아의 우물가에서 예수님은 한 여인과 대화를 나누셨습니다(요 4:6-15). 그녀는 다섯 번이나 결혼했지만 지금 같이 사는 사람도 진짜 남편이 아닌 여자였습니다.

예수님은 '물'에 대해 말씀하셨습니다. 그 우물의 물을 마시는 사람은 다시 목마르겠지만, 당신이 주시는 물을 마시면 영원히 목마르지 아니할 것이라고 하셨습니다(요 4:13-14). 이는 곤고하게 살아가던 이 여인에게 영생하도록 솟아나는 샘물을 주고자 하심이었습니다(요 4:14).

여인은 그런 물을 원했습니다. 이렇게 물을 길으러 오기 싫었기 때문입니다. 그런데 예수님은 갑자기 남편을 불러오라고 하셨습니다. 이에 여인은 남편이 없다고 했습니다(요 4:17).

그러자 예수님은 말씀하셨습니다. "예수께서 이르시되 네가 남편이 없다 하는 말이 옳도다 너에게 남편 다섯이 있었고 지금 있는 자도 네 남편이 아니니 네 말이 참되도다"(요 4:17-18).

여인은 예수님이 범상한 인물이 아니심을 깨달았습니다.

여자가 이르되 주여 내가 보니 선지자로소이다(요 4:19).

그리고 나서 여인은 뜬금없이 예배드리는 장소에 대해 물었습니다. 그렇게 사연 많은 삶을 살아왔지만 하나님을 향한 목마름이 있었던 것 같습니다.

여인의 질문에 예수님은 답하셨습니다. '물'로 시작된 대화는 '예배'라는 주제로 이어졌습니다. 이를 통해 예수님은 영원한 생명과 예배의 관계를 보여주셨습니다.

> 아버지께 참되게 예배하는 자들은 영과 진리로 예배할 때가 오나니 곧 이때라 아버지께서는 자기에게 이렇게 예배하는 자들을 찾으시느니라(요 4:23).

신앙의 중심에는 하나님을 향한 사랑과 경배가 있습니다. 예배는 그런 사랑과 경외의 표현입니다. 따라서 한 신자가 하나님과 어떤 관계 속에서 살아가는지는 그의 예배 생활을 보면 알 수 있습니다.

개인적인 예배도 중요합니다. 개인 기도와 찬양, 성경 읽기, 묵상 같은 것들입니다. 그러나 성경에서 공적 예배는 이것들과 구별되어 강조되었습니다(요 4:23, 행 8:27, 롬 9:4).

예배, 신앙의 중심

우리는 예배에서 하나님은 창조주이시며 자신은 피조물임을 고백합니다. 그리스도의 은혜를 구하며 절대적 의존을 고백합니다. 오직 그분을 경배함으로써 행복해질 수 있다는 사실을 마음에 새깁니다.

하나님의 백성들은 예배하는 일에 열심을 품었습니다. 이스라엘 역사를 보십시오. 하나님은 예배하는 자들에게 나타나시고 말씀하셨습니다(스 10:1, 느 8:8-9).

우리가 모여서 하나님을 경배하는 것은 편의의 문제가 아닙니다. 하나님이 친히 명하신 것입니다.

> 서로 돌아보아 사랑과 선행을 격려하며 모이기를 폐하는 어떤 사람들의 습관과 같이하지 말고 오직 권하여 그날이 가까움을 볼수록 더욱 그리하자(히 10:24-25).

이 말씀은 이미 초대 교회 때부터 공적 예배를 기피하는 사람들이 있었음을 보여줍니다. 그러나 시대가 어두울수록 참된 신앙을 가진 사람들은 함께 모여 예배했습니다. 소수라 할지라도 모이기를 힘썼습니다. 모이는 것을 소중하게 여겼습니다. 한마음으로 은혜의 보좌 앞으로 나아갔습니다. 예배를 통해 영혼의 유익을 얻었습니다. 믿음을 따라 살아야 할 본분을 자각했습니다. 믿음을 따라 살 용기와 능력을 얻었습니다.

성경은 처음부터 마지막까지 공적 예배를 강조합니다. 아담과 하와가 타락하고 난 후, 잃어버린 첫 번째 복은 하나님의 임재 안에서 사는 것이었습니다. 범죄하기 전까지, 그들에게는 사는 것 자체가 하나님을 대면하는 예배였습니다. 그러나 죄가 들어왔습니다. 그들은 하나님을 예배하는 대신 숨어야 했습니다(창 3:10).

가인과 아벨의 이야기를 보십시오. 그들은 자신들이 드린 예배에 의해 판단받았습니다. 그들의 존재는 예배와 분리되지 않았습니다. 예배가 받아들여진 사람은 하나님께 열납되었고, 그렇지 않은 사람은 거절되었습니다.

> 아벨은 자기도 양의 첫 새끼와 그 기름으로 드렸더니 여호와께서 아벨과 그의 제물은 받으셨으나 가인과 그의 제물은 받지 아니하신지라……(창 4:4-5).

노아의 홍수. 하나님은 온 땅을 물로 심판하셨습니다. 그리고 하나님은 다시는 세상을 홍수로 심판하지 않겠다고 약속하셨습니다. 무지개를 그 약속의 증표로 주셨습니다(창 9:11-16). 언제였습니까? 노아와 그 가족들이 방주에서 나와 예배드리던 때였습니다(창 8:20).

경건한 조상 아브라함과 이삭과 야곱, 요셉은 평생 예배를 드리며 살았습니다(창 12:7, 26:25, 35:3). 예배에서 계시와 믿음을 따라 살아갈 수 있는 힘을 공급받았습니다.

제사는 율법의 중요한 가르침이었습니다. 제사를 통해 하나님을 만났습니다. 절기 때마다 이스라엘 백성들은 제사와 거룩한 헌신을 함께 드려야 했습니다. 그렇게 하지 않는 자는 하나님의 백성들 중에서 끊어져야 했습니다(레 23:26-32).

신약 시대에도 마찬가지입니다. 예수님은 두세 사람이 주님의 이름으로 모이는 곳에 함께하시겠다고 약속하셨습니다(마 18:20). 그들이 주님의 이름으로 모여서 무슨 일 하길 기대하셨을까요?

오순절 성령 강림 사건이 있었습니다. 제자들은 복음의 의미를 깨닫게 되었습니다. 교회는 진리를 외치는 설교자를 갖게 되었고, 복음이 울려 퍼진 곳에는 예배 공동체가 만들어졌습니다.

그들은 온갖 위협과 대적들로 둘러싸인 채 섬겼습니다. 예배를 통해 하나님을 만났습니다. 거룩한 능력을 공급받았습니다.

예배, 하나님께 대한 의무

예배는 하나님께 대한 의무입니다. 이 의무를 다하지 않는 것은 하나님을 함부로 여기는 것입니다. 데이비드 클락슨(David Clarkson, 1622-1686)은 공적 예배의 중요성에 대해 다음과 같이 말했습니다.

> 공적 예배에서, 죽은 자들이 성자 하나님과 당신의 종들의 음성을 들으며 그 말씀을 들은 자들이 살아나는 역사가 일어난다. 공적 예배에서, 성자는 날 때부터 소경이었던 자들을 다시 보게 하시며……말씀으로 병든 영혼들을 고치시고……사단을 쫓아내시며……죄인들의 영혼 안에 있는 전 본성을 돌이키시사 예전 것은 지나가고 새로운 것이 되게 하신다. ……공적 예배는 주님이 이러한 일들을 행하시는 유일한 통상적 수단이다.[2]

오늘날 교회의 상황을 보십시오. 하나님께 드리는 공적 예배의 의무가 소홀히 여겨지고 있습니다. 공적 예배에 대한 태만은 성도들을 개인 예배에서 멀어지게 하였습니다. 경건의 능력을

---

[2] David Clarkson, "Public Worship to Be Preferred before Private," in *The Works of David Clarkson*, vol. 3 (Edinburgh: The Banner of Truth Trust, 1988), 194.

잃어버리게 하였습니다. 주일을 지키지 않는 것을 대수롭지 않게 생각하게 하였습니다.

인간의 타락한 본성은 예배를 싫어합니다. 그것은 신자도 마찬가지입니다. 하나님을 사랑하지 않는 사람에게 예배는 지겨운 것입니다. 은혜 생활에서 멀어지면 주일 예배에 결석할 수도 있다고 생각합니다. 그러나 예배의 의무를 태만히 하는 것은 하나님을 하찮게 여기는 것입니다. 하나님을 막보는 것입니다.

성경은 "하나님이 은혜 주시면 예배드리라. 성령의 감동을 받으면 기도하라."라고 하지 않습니다. 성경은 단순하게 명령합니다(롬 12:1, 살전 5:17). "너희는 예배하라. 너희는 기도하라."

우리는 십자가 아래에서 그리스도인이 되겠노라고 고백했습니다. 그것은 그리스도 안에 있는 구원만을 받아들인 것이 아닙니다. 신자에게 따르는 마땅한 의무를 다하겠다고 서약한 것입니다. 그리고 거기에는 예배의 의무가 포함되어 있습니다.

그것은 하나님 앞에서의 서약입니다. 은혜에서 멀어졌다는 것이 예배에 참석하지 않는 태만을 정당화하지는 못합니다.

가슴에 깊이 새겨야 할 단어는 '의무'(義務)입니다. 하나님의 자녀로서 믿고 살아야 할 의무가 있음을 명심해야 합니다. 하나님과의 언약을 기억해야 합니다. 의무를 행하면서 자신의 마음도 그 의무를 따르도록 해야 합니다. 그것이 신실한 것입니다.

마음이 따라오지 않으면 얼마든지 의무를 버릴 수 있다고 생각합니까? 그렇게 생각한다면 배교적인 무율법주의자가 되는 것입니다. 우리의 마음이 얼마나 잘 흔들립니까? 마음을 신뢰하지 말아야 합니다. 매일 겸손하게 은혜를 구해야 할 이유가 여기 있습니다.

형식이 무너지면 내용이 생겨나는 것이 아닙니다. 내용마저 없어져 버릴 수 있습니다. 율법적인 의무감만으로 예배에 참석하지 말아야 합니다. 그렇지만 예배할 마음이 부족해도 예배의 자리로 나아가 용서와 은혜를 구해야 합니다. 이는 성도의 의무입니다.

이 시대의 풍조를 본받지 마십시오. 공적 예배에 대해 느슨한 태도를 가지고 있는 다수를 따르지 마십시오. 하나님이 기뻐하시지 않습니다.

하나님을 경배하기를 힘쓰십시오. 하나님께 영광 돌리기 위해, 영혼의 유익을 위해 공적 예배에 참여하기를 힘쓰십시오. 예배에 참석하지 못하는 것에 대해서 목회자의 이해를 구하려고 애쓰지 마십시오. 하나님 앞에서 행해야 할 의무에 대해 생각하십시오.

잊지 마십시오. 예배의 의무를 게을리하는 것은 신앙 고백을 거스르는 것입니다. 하나님의 살아 계심을 은근히 부인하는 것이며, 자신이 구원받은 자임을 인정하기를 주저하는 것입니다. 왜냐하면 예배의 의무를 게을리하는 것은 하나님 경배하기를 싫어하는 것이기 때문입니다.

예배, 영적 유익을 위한 특권

공적 예배에 참여하는 것은 하나님에 대한 우리의 의무인 동시에 영적 유익을 위한 특권입니다.

주일을 지키도록 신앙의 법을 제정하셨습니다. 주일은 지친 육체가 쉼을 얻고 영혼이 은혜로 채워지는 날입니다. 죄악 된 세상을 이길 수 있는 능력을 공급받는 날입니다. 공적 예배를 통해 말씀을 깨닫고 권능을 받습니다.

오늘날 누룩처럼 번져 가는 예배에 대한 태만을 보십시오. 사소한 이유로 주일을 지키지 않습니다. 예배의 의무를 소홀히 하고 있습니다. 등록한 교인들의 수에 비하면 비참할 정도로 적은 수의 사람들만 예배에 참석하고 있습니다.

이러다가 20년 후에는 텅 빈 교회당이 되지 않을까요? 거룩한 주일, 사람들은 도대체 예배드려야 할 그 시간에 어디에서 무엇을 하고 있는 것일까요? 무엇을 하느라고 그리도 바쁜 시간을 보내고 있는 것일까요? 예배 시간까지 아끼며 살아서 무엇을 얻으려는 것일까요? 그것들이 정말 그렇게 가치 있는 것일까요?

주일을 거룩히 지키십시오. 힘을 다해 공적 예배에 참석하십시오. 시간의 여유가 생기면 예배를 잘 드리겠노라고 말하지 마십시오. 평생 쫓기듯이 살다가 죽는 것이 인생입니다. 마음을 드려 예배하십시오. 예배를 통해 주시는 은혜를 공급받으십시오.

예배에 참석하기를 게을리할수록 영적으로 손해를 입을 것입니다. 영혼은 생기를 잃어버릴 것이며, 진리를 향한 마음의 갈망도 사라질 것입니다.

예배 참석을 게을리하는 사람이 은혜 충만하기를 사모할 수 없습니다. 예배에 참석하는 것에 만족하지 마십시오. 그 예배가 참된 예배가 되기를 간구하십시오.

어떤 이유에서든 예배 참석을 게을리하는 사람은 신앙의 의무를 소홀히 하는 것입니다. 그러면서도 가책을 느끼지 않는 것은 영적으로 병든 것입니다. 그는 이미 실제적인 삶에 있어서 신앙으로부터 물러나 있을 것입니다.

몸으로 예배의 자리에 나오지 않을 때, 마음은 하나님으로부터 멀어져 있습니다.

바른 예배를 드리고 있습니까?

거짓 신자가 있는 것처럼 헛된 예배도 있습니다. 거짓 신앙을 가진 사람은 헛된 예배에 만족하지만, 참된 신앙을 가진 사람은 헛된 예배에서 영적인 허기를 느낍니다.

헛된 예배는 잘못된 것입니다. 그에 대한 하나님의 진노를 보면 알 수 있습니다.

> 이 백성이 입술로는 나를 공경하되 마음은 내게서 멀도다 사람의 계명으로 교훈을 삼아 가르치니 나를 헛되이 경배하는도다 하였느니라 하시고(마 15:8-9).

하나님을 향한 경외심이 사라질 때 예배는 차가운 형식이 됩니다. 예배는 그렇게 드려서는 안 됩니다. 단지 차가운 형식 속에서 자신의 종교적 요구를 만족시키는 것이 되지 않도록 해야 합니다. 진심으로 거룩하신 하나님을 만나기를 갈망하는 마음에서 드려야 합니다. 하나님을 향한 갈망이 없다면 그것은 참된 예배일 수 없습니다.

사람에게는 종교적인 보상 심리가 있습니다. 마음은 하나님을 멀리 떠나 있으면서도 몸은 주일이 되면 교회에 올 수 있습니다.

한 주간 하나님 없이 살아왔던 삶을 한 시간의 예배로 보상하려는 심리입니다.

이런 사람들은 하나님을 뵙고자 하는 마음으로 교회에 나오는 것이 아닙니다. 그들은 예배에서 하나님과 만나지 못해도 그것이 잘못이라고 느끼지 않습니다.

한 일화가 기억납니다. 외식으로 소문난 성직자가 있었습니다. 교회당에서 기도하던 중이었습니다. 자기 주위에서 교인들이 기도하고 있는 것을 알고는 큰소리로 말했답니다. "거룩하신 하나님이시여……."

놀라운 일이 일어났습니다. 하늘 문이 열리고 하나님의 음성이 들렸습니다. "그래, 네가 나를 불렀느냐?" 그 음성을 듣고 성직자는 그만 심장 마비로 죽었다고 합니다.

형식적 예배를 되풀이하는 것은 자기기만이며 신성 모독입니다. 하나님은 그렇게 예배드리며 만족하는 사람보다는 예배를 못 드려서 회개하는 사람을 기뻐하실 것입니다.

> 너희가 내 앞에 보이러 오니 이것을 누가 너희에게 요구하였느냐 내 마당만 밟을 뿐이니라(사 1:12).

어떤 마음으로 예배하고 있습니까? 당신의 예배는 습관적입니까, 성경적입니까? 만약 예배에 대한 생각이 바뀌지 않는다면 예배하는 태도도 바뀌지 않을 것입니다. 불경한 예배 태도가 바뀌지 않는다면 예배에 부어질 복은 없을 것입니다.

예배, 하나님과의 만남

예배는 한 사건을 기대하며 이루어지는 신앙의 행위입니다. 그것은 하나님과의 만남입니다. 따라서 예배는 종교 의례가 아닙니다. 또한 단지 그리스도의 십자가 죽음을 되새기는 기념식도 아닙니다. 예수 그리스도를 통해 성령 안에서 거룩하신 하나님을 만나는 것입니다.

예배의 목적은 하나님께 영광을 돌리는 것이고, 그 일을 위한 목표는 하나님을 만나는 것입니다. 거룩한 감화와 교제는 만남의 결과입니다. 예배의 열매는 하나님과 맺은 언약에 새롭게 헌신하는 것입니다.

예배는 하나님 만나기를 갈망하는 성도들의 마음에서 시작되고, 그 소원에 응답하시는 하나님의 은혜로 끝납니다. 예배를 통해 자신이 죄인임을 깨닫고 회개합니다. 성령의 은혜를 받고 세상을 이기며 살아갈 능력을 얻습니다. 돌같이 굳은 마음이 말씀에 감화를 받아 물같이 녹습니다. 모두 예배를 통해서입니다.

거룩한 삶을 살게 하는 능력은 하늘로부터 옵니다. 하나님과의 만남을 통해 경건하게 살아갈 힘을 얻습니다. 감격이 있는 예배 생활을 이어가고 있는 한, 세상을 이길 수 있습니다. 세상의 물결이 파도와 같이 뛰놀고 죄악의 탁류가 홍수처럼 엄몰할지라도 말입니다. 왜냐하면 예배에서 만난 하나님이 붙들고 계시기 때문입니다.

죄 가운데 빠진 사람들을 어떻게 건지십니까? 흑암과 사망의 그늘 아래 앉아 곤고와 쇠사슬에 매인 인간들을 어떻게 구원하십니까?(시 107:10) 삶과 죽음, 신앙과 불신앙의 갈림길에서 갈 바를 알지 못하는 이들에게 어떻게 길을 보여주십니까?

하나님과의 만남은 인생을 바꾸어 놓습니다. 쓰레기 같은 죄인들을 변화시켜 거룩하신 하나님을 위해 살게 합니다. 진토와 같이 없어질 인간들을 바꾸사 영원한 나라를 위해 살게 합니다.

사람의 유일한 소망은 하나님을 만나는 것입니다. 거기에 구원받은 기쁨이 있고 하나님의 사랑을 아는 행복이 있습니다. 참된 위로가 있습니다. 인생의 의미를 아는 지혜와 세상의 고난을 이기는 능력이 있습니다.

그러므로 예배에서 하나님을 만나는 감격을 잃어버렸다면 주의하십시오. 당신의 영혼이 생기를 잃어버리지 않았는지 살펴보십시오. 그러지 않으면 영혼은 더 깊은 침체에 빠질 것입니다. 마음을 다해 예배 생활을 회복하십시오. 하나님을 만나는 예배의 감격 속에 사십시오.

형식적인 예배를 버리라

언젠가 백화점 앞을 지나간 적이 있습니다. 개점되기 30분 전부터 문 앞에 사람들이 북적거리고 있었습니다. 백화점이 창립된 지 몇 해째 되는 기념일인데 선착순으로 특별한 사은품을 준다는 것입니다. 추운 겨울날. 그 선물을 받겠다고 줄 서 있는 사람들은 가난해서가 아니었습니다. 꼭 그것을 갖고 싶어서였습니다.

좋은 물건을 구하기 위해 새벽 시장으로 나서는 장사꾼들을 보십시오. 원하는 물건을 싼값에 사기 위해 애를 씁니다. 더 많은 이익을 남기기 위해 최선을 다합니다.

하나님을 찾는 예배에 대한 열심이 그만 못해서야 되겠습니까? 하나님을 경배하려는 우리의 열심이 세상 사람들이 금과 은을 구하려는 열심에 뒤져서야 되겠습니까?

세상에 대한 열망은 하나님을 향한 갈망을 감퇴시킵니다. 세상 사랑은 주님 사랑을 몰아내고 죄는 마음의 은혜를 사라지게 합니다. 오늘날 신자들의 관심거리가 무엇입니까? 자랑거리가 무엇입니까?

잃어버린 신앙의 기쁨을 아쉬워하지 않습니다. 예배의 감격을 갈망하지 않습니다. 하나님과의 만남을 사모하지 않습니다.

세상을 사랑하는 사람의 마음은 예배의 기쁨에서 떠나 있습니다. 그가 열망하는 것은 세상에 있으니 어찌 거룩하신 하나님을 만나고자 갈망하겠습니까?

습관적인 지각, 힘없이 드리는 찬양, 간절함이 없는 기도, 인색한 헌금, 예배보다는 예배 이후의 시간을 고려한 옷차림, 그리고 축도가 끝나자마자 앞다투어 교회당을 빠져나가는 행동들은 모두 마음 없이 드리는 예배의 단면입니다.

영적으로 쇠약해졌을 때 교회는 그런 식으로 예배했습니다. 그렇게 예배드리는 사람마다 영적으로 잠들어 있었습니다.

주일이 삶의 중심이 되게 하십시오. 예배가 주일의 중심이 되게 하십시오. 그러면 하나님이 당신의 삶에 중심이 되실 것입니다. 이 사실을 잊지 마십시오.

최상의 컨디션으로 최선의 것으로 하나님을 예배하십시오. 한 주간을 예배한 힘으로 살고, 예배하기 위해 사십시오.

설교를 통해 하나님을 만나도록 간절히 기도하십시오. 예배의 감격을 누리게 해 달라고 간구하십시오. 이러한 기도 없이 은혜로운 설교를 기대한다면 이것은 하나님이 아니라 설교자의 재주를 의지하는 것입니다.

교회, 예배 공동체

교회는 예배를 위하여 부름받은 기관입니다. 자신이 예배하고 세상 모든 사람들을 예배하게 하기 위해 부름받았습니다. 선교하고 전도하는 것은 그들을 예배자로 만들기 위함입니다.

교회의 영적 상태는 예배를 통해 드러납니다. 예배의 수준은 그 교회의 영적 상태를 말해 줍니다.

한 교회의 예배는 신자들의 영적 수준을 넘을 수 없습니다. 그것만 못한 예배를 드릴 수 있으나, 그것을 뛰어넘는 예배를 드릴 수는 없습니다.

하나님과의 만남이 있는 예배가 드려질 때 교회는 세상의 단체와는 다른 신적인 기관임을 드러내게 됩니다. 하나님의 사랑과 긍휼을 따라 살아가도록 부름받은 모임임을 세상 사람들에게 보여주게 됩니다(시 67:1-2).

하나님과의 만남이 있는 예배를 드려야 합니다. 예배를 통해 전능하신 하나님을 대면할 때, 비로소 자기가 누구인지 깨닫습니다. 얼마나 미천한 존재인지를 깨닫습니다. 거기서 겸손을 배웁니다.

거룩하신 하나님을 대면할 때, 자신이 얼마나 비참한 존재인지를 압니다. 거기에서 회개가 나옵니다. 뉘우침이 있고 돌이킴이 있습니다. 그때 삶의 소망을 오직 자비로우신 하나님께 두게 됩니다. 이 모든 변화가 예배를 통해 일어납니다.

교회는 단지 사회를 개혁하기 위한 매체가 아닙니다. 교회는 예배하는 공동체입니다. 성령과 진리 안에서 하나님과의 사귐이 있는 모임입니다. 그러한 영적 교통을 통해 하나님을 경험하는 지체들입니다. 그리하여 어떻게 예배의 정신으로 세상을 살아가야 할지 깨닫는 곳입니다.

어둠 속에 살던 사람들이 진리를 따라 살아가게 되는 것도 이런 예배 때문입니다. 자기밖에 모르던 사람들이 남을 위해 자기를 내어 줄 수 있게 되는 것도 하나님과의 만남 때문입니다. 죄인을 위해 애통하는 마음을 갖게 되고, 어두운 세상을 불꽃처럼 살아가게 됩니다. 이 모든 일이 예배를 통해서 가능해집니다.

인간의 본성은 예배를 통해 바뀝니다. 예배가 영혼의 변화에 아무런 영향을 끼치지 못하고 있다면 교회가 병든 것입니다.

맺음말

넓은 의미의 예배인 삶의 예배는 좁은 의미의 공적 예배를 통해 회복됩니다. 예배의 감격이 회복될 때 삶은 하나님께 바쳐지게 됩니다. 그때 하나님은 영광을 받으십니다.

> 아버지께 참되게 예배하는 자들은 영과 진리로 예배할 때가 오나니 곧 이때라 아버지께서는 자기에게 이렇게 예배하는 자들을 찾으시느니라(요 4:23).

모든 예배하는 자들을 찾으시는 것이 아닙니다. '이렇게', 곧 하나님이 정하신 방식으로 예배하는 자들을 찾으십니다. 지금도 그렇게 예배하는 자들을 만나 주십니다.

하나님은 마음을 다하여 당신의 얼굴을 구하는 자들을 찾으십니다(시 24:6). 예배의 감격 속에서 그들을 만나 주십니다. 세상의 물결을 거슬러 살 수 있는 힘을 주십니다.

하나님을 찾으십시오. 예배를 통해 하나님 만나기를 간절히 사모하십시오. 메마른 광야에서 시냇물 찾기에 목마른 사슴과 같이 하나님 만나기를 갈망하는 신자들이 되십시오. 시인의 애달픈 노래가 예배자인 당신의 고백이 되게 하십시오.

하나님이여 사슴이 시냇물을 찾기에 갈급함같이 내 영혼이 주를 찾기에 갈급하니이다 내 영혼이 하나님 곧 살아 계시는 하나님을 갈망하나니 내가 어느 때에 나아가서 하나님의 얼굴을 뵈올까(시 42:1-2).

예배에서 하나님을 만나지 못하는 것을 커다란 재앙으로 여기십시오. 모든 것을 팔아서라도 예배의 감격을 회복하겠노라고 다짐하십시오. 하나님 앞에 마음을 쏟으십시오. 간절한 심정으로 교회의 예배와 당신의 믿음을 위해 간구하십시오. 이 예배가 인생의 마지막 예배인 것처럼 드리십시오. 그런 마음으로 예배에 참석하십시오.

하나님은 이렇게 예배하는 자들을 찾으십니다.

참된 예배는 새로운 방식으로 드려져야 합니다. 그것은 두 가지 본질적 요소를 가지고 있습니다. 성령과 진리입니다. 본 장에서는 '성령 안에서 드리는 예배'에 대해 살펴볼 것입니다.

제2장. 예배 견디기

성령 안에서 드리는 예배입니까?

"아버지께 참되게 예배하는 자들은 영과 진리로 예배할 때가 오나니 곧 이때라
아버지께서는 자기에게 이렇게 예배하는 자들을 찾으시느니라
하나님은 영이시니 예배하는 자가 영과 진리로 예배할지니라"
요한복음 4장 23-24절

요즘은 예배가 인내를 요구하는 종교적 의무가 되고 있는 것 같습니다. 교인들은 예배를 드리기보다는 견디는 것 같습니다. 예배를 견디는 방법도 가지가지인데, 그중의 극치는 설교 견디기(?)입니다. 그 행태도 천태만상입니다.

멀거니 강단을 응시하는 딴생각파, 주보에 밑줄 긋고 틀린 글자를 찾는 교정파, 헌금 낸 사람 세고 액수를 나눠 보는 계산파, 졸면서 예배드리는 수면파, 수시로 시계 들여다보는 시간파, 옆 사람과 글로 대화하는 쪽지파, 예배 후 있을 회의 준비에 여념이 없는 회의파, 성경 읽기로 시간 때우는 경건파 등. 이런 식의 태도는 예배를 드리는 것이 아닙니다. 단지 예배를 견디는 것입니다.

모든 교회가 이렇게 예배드리는 것은 아닙니다. 그러나 졸음과 냉담함, 기대감 없음, 딴생각으로 가득 찬 마음, 빨리 끝나기를 바라는 조바심 같은 것들이 우리에게 전혀 없다고 할 수 있습니까?

그런 예배는 영과 진리 안에서 드려지는 예배가 아닙니다. 하나님을 만나는 예배가 아닙니다.

성령이 예배를 장악하시고, 진리가 살아 역사해야 합니다. 말씀 앞에서 고뇌하는 예배여야 합니다. 사람들의 마음이 움직이는 예배여야 합니다.

하나님과의 만남이 있어야 합니다. 예배자는 거룩한 열정으로 뜨거워져야 하고, 세상 욕심에 흔들리던 마음은 죽어야 합니다.

이 모든 일들이 영으로 드리는 예배, 곧 성령 안에서 드리는 예배 속에서 일어납니다.

영과 진리로

사마리아 사람들은 유대인들과 다른 장소에서 다른 방식으로 예배하였습니다. 예수님이 사마리아 우물가에서 만난 여인은 자기 조상 적부터 드려 온 예배의 장소에 대해 확신이 없었습니다. 그래서 예수님께 예배할 장소에 대해 여쭈었습니다. 예수님은 이렇게 답하셨습니다.

> 예수께서 이르시되 여자여 내 말을 믿으라 이 산에서도 말고 예루살렘에서도 말고 너희가 아버지께 예배할 때가 이르리라(요 4:21).

사마리아 여인은 자기가 드리는 예배를 하나님이 받으신다고 확신할 수 없었습니다. 예배는 드리고 있었지만 하나님이 어떤 분이신지 분명하게 알지 못했습니다. 그래서 장소에 집착하였습니다. 그러나 예수님은 참된 예배가 되기 위해서는 장소가 아니라 방식이 문제라고 말씀하십니다.

'이 산'도 '예루살렘'도 문제가 되지 않습니다. '어디서'가 아니라 '어떻게'의 문제였기 때문입니다. 그러면 예배에 있어서 참으로 중요한 요소는 무엇이었을까요?

아버지께 참되게 예배하는 자들은 영과 진리로 예배할 때가 오나니 곧 이때라 아버지께서는 자기에게 이렇게 예배하는 자들을 찾으시느니라(요 4:23).

이 말씀은 두 가지 중요한 사실을 말합니다. 첫째로, 하나님이 찾으시는 사람들이 있다는 것입니다. 그들은 예배하는 사람들입니다. 둘째로, 하나님이 찾으시는 사람들은 '영(靈)과 진리(眞理) 안에서'(in spirit and in truth) 예배하는 사람들이라는 것입니다. 이것은 예배의 방식을 말합니다.

예배자를 찾으시는 하나님

성경에는 하나님이 찾으시는 사람들이 다양하게 묘사되고 있습니다. 상처받은 자들을 찾으셨고, 가난하고 굶주린 자들도 찾으셨습니다(마 12:20, 11:5). 회개하는 자들도 주님이 만나 주시려는 사람들이었고, 죄인들도 돌이키도록 찾으셔야 할 백성들이었습니다(눅 15:7, 5:32).

하나님이 찾으시는 사람에 대해 이렇게 말씀하십니다. 참되게 예배하는 자들에게 새로운 때가 올 것입니다. 바로 영과 진리 안에서 예배할 때입니다. 그런데 그때가 지금이라는 것입니다. 예수님이 세상에 오심으로 이런 예배가 가능해진다는 것입니다. 하나님은 이렇게 예배하는 자들을 찾으신다는 것입니다.

하나님을 향한 갈망이 가득 찰 때 그는 무엇을 할까요? 하나님을 많이 사랑할 때 그는 무엇을 하고 싶을까요?

주께 와 엎드려 경배드립니다.
주 계신 곳엔 기쁨 가득
무엇과도 누구와도 바꿀 수 없네.
예배드림이 기쁨 됩니다.

마음으로 하나님을 찾는 사람은 예배하지 않을 수 없습니다. 자신의 죄를 자각하지만 사죄의 은총을 간구하는 마음은 예배로 가장 잘 표현됩니다. 그런 사람들은 마음을 다해 하나님을 예배할 것입니다.

그것은 단지 공적 예배만을 의미하지는 않습니다. 개인의 모든 경건 생활을 포함합니다. 그런 예배의 마음으로 살아가는 삶 자체를 가리킵니다. "그러므로 형제들아 내가 하나님의 모든 자비하심으로 너희를 권하노니 너희 몸을 하나님이 기뻐하시는 거룩한 산 제물로 드리라 이는 너희가 드릴 영적 예배니라"(롬 12:1).

하나님을 사랑하는 모든 사람은 예배자가 됩니다. 특별히 모두 함께 모여 드리는 공적 예배는 이런 지체들의 갈망하는 마음이 드려지는 예배여야 합니다.

하나님과 영적인 일에 대하여 무관심합니까? 예배가 냉담할 것입니다. 하나님을 간절히 원하고 '위의 것'들을 갈망합니까? 예배는 간절할 것입니다(골 3:1). 지금도 하나님은 간절히 당신을 찾는 자들을 찾으시고 만나 주십니다.

예배의 원형, 제사

예배란 무엇일까요? 예배는 거룩하신 하나님을 향한 경배 의식(儀式)입니다. 창조주이시고 구속주이신 삼위일체 하나님을 인정하고 그 이름을 높여 드리는 일입니다.

신약 예배의 뿌리는 구약의 제사입니다. 구약의 제사는 신약 예배의 원형(原型, prototype)입니다. 그것은 그리스도의 속죄를 바라보는, 예배의 일시적인 형태였습니다.

이제 구원의 약속을 따라서 그리스도께서 오셨고 속죄는 완성되었습니다. 그래서 구약의 제사가 가진 많은 신학적인 예표들은 이미 성취되었습니다.

따라서 신약의 예배는 구약의 그것과 동일할 수 없습니다. 신학적으로, 둘은 연속성과 불연속성을 함께 가지고 있습니다. 구약의 제사는 신약의 예배의 그림자입니다.

제사를 생각해 보십시오. 사람들은 짐승을 데리고 성막을 향해 나아갑니다. 거기서 그 짐승의 머리에 손을 얹어 안수할 때 헌제자의 죄가 짐승에게로 옮겨 갑니다. 그 죄 때문에 짐승은 죽임을 당합니다. 피 흘리며 죽습니다. 제사장들은 그 피를 가져다가 회막 문 앞 제단 사방에 뿌립니다(레 1:3-5).

그곳에서 헌제자들은 무엇을 생각했겠습니까? 그것은 단순히 짐승을 선물로 바치는 것이 아니었습니다. 선물로 바친다는 것은 당시 이방인들의 제사 개념이었습니다. 고대 중근동 지방 이방인들의 제사가 바로 뇌물에 가까운 개념이었습니다.

이는 그들의 신관(神觀)과 깊은 관련이 있습니다. 그들에게 신들은 막강한 권세를 가진 존재들로 서로 시샘하고, 제사 음식에 대하여 걸근대며, 도덕성이 없는 존재들이었습니다. 그들에게 제사의 목적은 이스라엘과 사뭇 달랐습니다. 신들의 기분을 달래고 신들의 분노로 인한 화를 면하는 것이었습니다.

이스라엘 백성들이 하나님의 신실함과 자비하심을 즐겨 노래했던 것도 바로 이 때문이었습니다(시 119:86, 111:4). 저급한 이방

신들과 대조되는 하나님의 성품을 자랑스럽게 여긴 것입니다. 따라서 이스라엘 백성들이 드리는 제물은 뇌물이 아니었습니다. 오히려 그것은 자기 자신 전부를 하나님께 드리는 표였습니다.

하나님은 언제나 제사와 헌제자의 도덕성의 일치를 요구하셨습니다. 그러나 이스라엘 백성들은 자주 제사드리는 종교 행위와 공의와 자비를 추구하는 일상의 삶을 일치시키지 못했습니다. 그때 제사는 형식적으로 드려졌습니다.

제사의 정신이 그들의 삶을 장악해야 했습니다. 그렇지 못할 때 드려지는 제사는 오히려 하나님을 멸시하는 것이었습니다.

하나님을 만나지 못한 채 드려지는 죽은 제사의 심각함에 대하여, 선지자들은 피를 토하듯이 경고했습니다.

> 너희 소돔의 관원들아 여호와의 말씀을 들을지어다……여호와께서 말씀하시되 너희의 무수한 제물이 내게 무엇이 유익하뇨 나는 숫양의 번제와 살진 짐승의 기름에 배불렀고 나는 수송아지나 어린양이나 숫염소의 피를 기뻐하지 아니하노라……헛된 제물을 다시 가져오지 말라 분향은 내가 가증히 여기는 바요 월삭과 안식일과 대회로 모이는 것도 그러하니 성회와 아울러 악을 행하는 것을 내가 견디지 못하겠노라(사 1:10-13).

예배를 드리지만 삶은 공의(公義)와 거리가 멉니다. 자비를 행하며 살지 않습니다. 무엇 때문입니까? 구원받았지만 죄에 쉽게 지는 이유가 무엇입니까?

예배 속에서 하나님을 만나지 못하고 있기 때문이 아닐까요? 무너진 경건 생활 한복판에는 감격을 잃은 예배 생활이 있습니다. 예배와 생활이 분리되는 것은 위선적 종교 생활입니다. 그 한가운데에는 성령의 역사가 사라진 예배가 있습니다.

완전한 삶을 살다 온 사람들만 성령 안에서 예배드릴 수 있는 것은 아닙니다. 의롭게 살다 온 신자들에게만 은혜가 주어지는 것은 아닙니다. 때로는 죄 가운데 곤고한 영혼들에게도 찾아오십니다.

성전에서 기도하던 세리를 보십시오. 그는 자기가 죄인임을 고백하며 하나님이 불쌍히 여겨 주시기를 간절히 구했습니다. 하나님은 그를 용서하시고 의롭다고 해주셨습니다(눅 18:13-14). 그렇게 하나님을 간절히 찾는 사람들이 성령 안에서 예배드릴 수 있습니다.

제사의 규례는 이스라엘 백성들을 향한 일종의 실연식(實演式) 교육이었습니다. 살아 있는 신앙을 가지고 있었던 헌제자들은 자기 때문에 죽어 가는 짐승을 보면서 무슨 생각을 했을까요?

그들은 모두 동일한 사실을 인식했습니다. 그것은 죄의 심각성이었습니다. 죄가 짐승의 죽음을 불러오고, 또한 자신을 죽음으로 데려간다는 사실이었습니다. 그래서 그들은 제사드릴 때 오직 한 가지를 바랐습니다. 죄를 용서하시는 자비, 곧 하나님의 구속의 은혜였습니다.

죽임을 당하는 것은 제물이었습니다. 그러나 그 아픔은 헌제자의 심령을 파고들었습니다. 참회의 눈물을 흘렸을 것입니다. 죽어 마땅한 자신을 대신해 죽는 짐승을 보면서 말입니다. 이런 제사를 통해 깨달은 것은 자신이 죄인이라는 사실이었습니다.

헌제자는 자신이 진노 아래 있는 존재임을 인식했습니다. 하나님을 믿는 그에게 은총을 베푸셔서 용서해 주셨습니다. 만나 주셨습니다. 이로써 하나님과의 관계가 새롭게 되었습니다. 그때 헌제자는 하나님의 은혜 아니면 살 수 없다고 고백했을 것입니다.

오늘날 예배가 직면한 가장 큰 문제가 있습니다. 죄를 깨닫게 하지 못한다는 것입니다. 이것은 예배가 성령 안에서 드려지지 못하고 있다는 증거입니다. 왜냐하면 죄를 깨닫게 하는 것이 바로 성령이 하시는 일이기 때문입니다(요 16:7-9).

예배 가운데 자기의 죄를 깨닫지 못하면 그만큼 하나님의 은총에 대한 갈망도 사라지게 됩니다.

하나님의 임재가 있을 때는 죄를 자각하게 됩니다. 하나님은 예배자를 만나 주심으로 죄를 용서해 주십니다. 은혜를 베푸시고 자유를 주십니다.

성령 안에서 드려져야 하는 예배

예수님은 영과 진리로 예배할 때가 올 것이라고 말씀하셨습니다. 그리고 그렇게 예배하는 자들을 찾으신다고 가르쳐 주셨습니다. 당신이 오심으로 그런 시대가 열렸다고 알려 주셨습니다(요 4:23).

요한복음 4장 23절에서 '이렇게'는 예배의 순서를 뜻하는 것이 아닙니다. 예배 전체를 지배해야 하는 원리를 가리킵니다. 예배의 본질적 요소와 정신에 관한 것입니다. 그것은 예배가 성령과 진리 안에서 드려져야 한다는 것입니다. 왜냐하면 하나님은 영이시기 때문입니다(요 4:24).

인간은 하나님을 이해할 수 없습니다. 이성으로써 하나님의 인격을 아는 것은 불가능합니다. 영이신 하나님과 인간 사이에 있는 무한한 질적 차이와 죄 때문입니다. 이 무한한 질적 차이와 죄를 극복하고 하나님을 아는 단 하나의 길이 있습니다. 그것은 성령을 통해 믿음을 갖는 것입니다. 하나님과의 영적 교통을 갖는 것입니다.

하나님은 영이십니다. 육체를 가진 인간은 믿음을 통해서만 영적 세계를 알 수 있습니다. 믿음을 주시는 이는 성령이십니다. 오직 성령 안에서만 거룩하신 하나님의 성품을 체험할 수 있습니다. 예배가 성령 안에서 드려져야 함을 말해 줍니다.

영이신 하나님과 교제할 수 있도록 예배자들은 성령에 의해 영향받아야 합니다. 성령이 함께하시는 예배를 드려야 합니다. 그때 예배가 우리를 변화시킵니다.

첫 범죄 이후, 인간은 신령한 일에 대한 영적 감각을 상실하였습니다. 육에 속한 사람은 하나님의 성령의 일을 받아들이지 않습니다. 그것이 어리석게 보이기 때문입니다(고전 2:14).

신자들도 마찬가지입니다. 은혜의 영향이 아니면 그의 관심과 사랑은 세속적인 것으로 향합니다. 그러나 성령이 오시면 마음의 경향성이 변하게 됩니다. 하나님을 사랑하게 됩니다.

예배 가운데 임하신 성령은 일하십니다. 인간의 죄와 하나님의 의(義), 심판에 대하여 생각나게 하십니다(요 16:8). 십자가에서 죽으신 예수 그리스도를 구주로 받아들이게 하십니다. 불신하는 사람의 마음에 믿음을 심으십니다.

냉담한 사람의 마음에 거룩한 불을 지피십니다. 느낄 수 없었던 하나님의 인격을 경험하게 하십니다. 하나님의 성품의 아름다움을 찬송하게 하십니다. 예배자의 마음에 감화를 주셔서 새사람으로 변화시키십니다.

이로써 예배자는 다른 예배를 드리게 되고 변화된 삶을 살게 됩니다. 모두 성령의 역사 때문입니다.

진리를 경험케 하는 성령

신학생 시절, 전철 안에서 전도할 때의 일입니다. 살아 계신 하나님과 예수 그리스도의 구원에 대하여 증거하고 있을 때였습니다. 어떤 사람이 시비 걸듯 큰소리로 물었습니다. "당신, 하나님을 보았소?"

만약 같은 질문을 받는다면, 여러분은 무어라고 답하시겠습니까? 하나님을 본 적이 없다고 말한다면, 이미 전한 내용들은 설득력을 잃어버릴 것입니다. 저는 담대하게 말했습니다. "그럼요, 나는 하나님을 보았습니다."

사람들은 육신의 눈으로 보는 것만 본 것으로 생각합니다. 그러나 하나님은 믿음의 눈으로 볼 수 있습니다(히 11:1).

사람들은 양심이 있다고 믿습니다. 양심이 구체적으로 무엇인지에 대해서는 의견이 일치하지 않는다고 하더라도 양심이 있다는 사실에는 동의합니다.

그렇지만 종합 병원을 찾아가 보십시오. 내과와 외과를 비롯한 수많은 분과들이 있으나 그 어디에도 '양심과'(良心科)는 없습니다. 양심은 해부학적으로 장기처럼 몸속 어디에 눈에 보이게 존재하는 것이 아니기 때문입니다. 그러나 양심이 있다는 사실은 심장이 있다는 사실만큼이나 확실하지 않습니까?

문제는 이것입니다. 예배를 많이 드려도 믿음이 생기는 사람이 많지 않다는 것입니다.

성령 안에서 드리는 예배는 진리를 깨닫게 합니다. 하나님이 생생하게 믿어지게 합니다. 모두 성령 안에서 드리는 예배를 통해서입니다.

성령의 역사는 이전에 믿을 수 없던 진리를 믿게 합니다. 지성으로는 파악할 수도 없고 동의할 수도 없는 내용들을 믿게 합니다. 진리를 깨닫게 할 뿐 아니라 생생한 정동(情動)을 경험하게 합니다. 그 진리를 자기의 삶에 적용하게 합니다.

진리와 함께 역사하시는 성령이 이 일을 하십니다.

성령이 함께하시는 예배

설교자는 하나님께 사로잡혀야 합니다. 그가 하나님의 말씀을 전하는 사람이기 때문입니다. 그의 마음은 선포하는 말씀에 붙들려야 합니다.

그 일이 어떻게 일어납니까? 무엇을 통해 설교자의 마음이 말씀에 불붙게 됩니까? 어떻게 선지자의 거룩한 정서를 갖게 됩니까? 그가 어찌하여 하나님의 손에 사로잡힌 설교자가 되는 것일까요? 그의 설교에 믿음으로 반응하게 하는 힘은 어디서 나옵니까? 불신앙으로 냉담한 이들의 마음을 십자가의 피로 젖게 하는 것이 무엇입니까? 좌절과 패배로 얼룩진 사람들의 마음이 어떻게 소망으로 가득 차게 됩니까?

이 모든 질문에 대한 답은 오직 하나입니다. 성령이 예배 가운데 함께하시는 것입니다. 그때 살아 있는 예배를 드릴 수 있습니다.

비범한 말이 비범한 능력을 불러일으키는 것은 아닙니다. 평범한 말에 깃들어 있는 성령의 능력이 이러한 일들을 가능하게 합니다. 성령이 설교자를 붙잡아 주실 때입니다. 성령이 설교자와 함께하신다면, 평범한 설교라도 수많은 사람들의 심령을 찌를 것입니다.

하늘 은혜로 기름 부어진 한마디 말. 그것은 그렇지 않은 수천 마디의 말보다 위대한 힘을 가지고 있습니다. 적막한 예배당을 뒤흔들어 놓습니다. 기대감 없이 모였던 수많은 교인들로 하여금 회개하게 합니다. 애통하는 마음으로 눈물 흘리게 합니다. 모두 성령이 함께하실 때 일어나는 일들입니다.

예배를 드리기에는 마음이 너무 곤고합니다. 하나님을 온전히 바랄 힘도 남아 있지 않습니다. 예배에 대한 기대조차 할 수 없을 만치 침체되어 있습니다. 어쩔 수 없이 주일 예배는 드려야 하기에 교회당에 들어섭니다. 피아노 반주가 나오고 성도들이 함께 찬송을 부릅니다.

> 천지에 있는 이름 중 귀하고 높은 이름,
> 주 나시기 전 지으신 구주의 이름 예수.
> 주 앞에 내가 엎드려 그 이름 찬송함은
> 내 귀에 들린 말씀 중 귀하신 이름 예수.

늘 보고 읽고 따라 부르던 찬송가가 아닙니까? 더욱이 은혜에 대한 갈망도 없이 들어왔습니다. 올 때는 예배드리고 얼른 돌아가고 싶은 마음뿐이었습니다.

그런데 어느 순간 그 가사가 아름다운 멜로디와 함께 가슴에 밀려옵니다. 태어나시기도 전에 지어진 이름 예수, 그분이 나 같은 죄인을 부르셔서 소망을 주셨다는 사실을 상기하게 됩니다. 나 같은 죄인을 위해 고난당하셨다는 사실을 생각하며 감격하게 됩니다.

그냥 예배에 참석했습니다. 그런데 곤고했던 가슴의 멍울이 풀어집니다. 하나님의 만져 주심이 느껴집니다. 설교를 듣고 죄를 뉘우칩니다. 행복하기보다 거룩해지기를 갈망하게 됩니다.

예배가 끝나고 모두들 흩어져 돌아갔지만, 홀로 남아서 눈물로 의자를 적십니다. 회개하는 심령에 넘치도록 부어 주시는 위로와 은혜를 경험합니다.

무엇이 이런 일들을 가능하게 합니까? 고가의 파이프 오르간, 목회자의 고고한 복식이나 예배당의 실내 장식이 이 일을 하는 것이 아닙니다.

이 일을 이루시는 분은 오직 성령이십니다. 사람의 영혼을 만져 주시고 지나가심으로써입니다. 성령이 예배 가운데 함께하실 때 놀라운 역사가 일어납니다.

매주 그게 그것 같던 설교가 감동으로 다가옵니다. 매주 감흥 없이 부르던 찬송에 은혜를 받습니다. 구원의 감격을 경험합니다. 참된 예배가 어떤 것인지를 알게 됩니다. 하나님을 사랑하게 됩니다. 세속적인 욕망과 탐심을 털어 내게 하십니다. 거룩한 하늘 은혜로 충만해지게 하십니다. 지난날의 상처로 억눌렸던 영혼들을 자유하게 하십니다.

이 모든 변화는 성령으로 말미암은 것입니다. 성령이 함께하시지 않는 예배는 마치 국경일에 거행되는 기념 행사와 같습니다. 오직 성령만이, 죽음의 침묵이 무겁게 깃들인 교회당을 뒤흔들어 생명의 함성으로 가득 차게 만드실 수 있습니다. 마른 뼈와 같은 자들을 일으키셔서 함성을 지르는 군대로 바꾸어 놓으실 수 있습니다(겔 37:9-10).

하나님의 말씀, 그 말씀에 온 마음으로 응답하는 예배자, 살아 계신 하나님께 자신을 드리는 헌신과 기도, 그리고 자유함을 얻은 심령으로 드리는 찬양, 이 모두 살아 있는 예배의 요소입니다. 그 모든 요소들을 그렇게 만들어 주는 원천은 오직 성령이십니다.

성령 안에서 예배드리지 못하는 이유

그러면 왜 성령 안에서 드리는 예배가 되지 못할까요? 여기에는 여러 가지 원인이 있습니다. 진리를 잘못 가르치거나 그러한 가르침에 기초하여 잘못된 방식으로 드려지고 있다면, 참된 예배가 될 수 없습니다. 그러나 그 무엇보다도 중요한 요인은 죄 때문입니다.

죄는 영혼의 무감각을 가져옵니다. 영적인 무감각은 예배자들로 하여금 예배를 통해 신령한 것을 기대하지 못하게 합니다.

살아 있는 예배를 위해서 시급히 해야 할 일이 있습니다. 일상에서 죄로 말미암아 무감각해진 마음을 깨끗하게 하는 것입니다. 정결해지길 사모하며 말씀을 깨닫는 것입니다. 그것은 보혈의 능력으로 가능합니다. 예배 시간을 통해 은혜를 주시도록 간절히 기도해야 합니다.

이스라엘 백성들의 제사가 하나님께 가증하게 여겨지던 시대가 있었습니다. 그때 그들이 율법의 규례를 따라 제사하기를 그만두었습니까? 그렇지 않습니다. 그들은 제사의 규례를 존중했고 절기를 따라 제물을 바쳤습니다. 그럼에도 불구하고 그런 제사로는 하나님을 만날 수 없었습니다. 하나님은 거기에 오지 않으셨습니다. 하나님은 영이신데, 그들이 드리는 제사는 육적인 방식이었기 때문입니다.

예배의 정신을 따라 살지 아니한 사람들이 예배를 양심의 은신처 삼고자 하는 마음을 경멸하십시오. 왜냐하면 하나님은 순결하고 완전한 영이시기 때문입니다.

하나님을 경외하는 삶이 동반되지 않은 예배는 거절됩니다. 잘못된 삶에 대한 뉘우침과 회개 없이 드리는 예배는 하나님께 모욕입니다. 이런 예배는 영으로 드리는 예배가 아닙니다. 성령이 슬퍼하시는 예배입니다. 이런 곳에서는 형식이 득세할 뿐입니다.

우리는 회개 없이 드리는 예배에 익숙해져 있습니다. 타락한 세상에서 살아가다가 교회에 왔음에도 불구하고 손수건이 필요 없는 예배를 드리고 있습니다.

세상은 점점 악해져 갑니다. 우리에게는 회개해야 할 것이 더 많아집니다. 그러나 예배 가운데 진실한 참회가 사라져 가고 있습니다. 아아, 어떻게 해야 할까요? 우리의 예배가 성령 안에서 드려지지 않고 있기 때문입니다.

예배와 거룩한 정서

어떤 선교사의 이야기입니다. 그 선교사는 자신을 후원하는 교회에 주일 오후 예배 설교자로 초청되었습니다. 열심히 설교했습니다. 그러나 예배당에는 무거운 침묵이 내리깔려 있었습니다. 썰렁한 분위기는 긴장을 불러일으켰습니다. 설교자는 자신과 교인들 사이에서 마땅히 오가야 할 어떠한 영적 교감도 발견할 수 없었습니다.

견디다 못한 설교자는 채 끝나지도 않은 설교 원고를 주섬주섬 주워 모으며 강단을 내려왔습니다. 통로를 걸어 나가면서 그가 중얼거리는 소리를 부교역자가 바로 등 뒤에서 들었습니다. "내가 차라리 망부석들을 세워 놓고 설교하는 게 낫지."

어느 날 지방 집회를 마치고 비행기 편으로 귀경하던 때의 일입니다. 비행기가 도착할 시간이면 국내선 도착 출구는 마중 나온 사람들과 도착한 승객들로 붐빕니다. 그날도 도착 출구는 많은 사람들로 복잡하기만 했습니다.

한 여인이 제 앞을 걸어서 출구로 빠져나가고 있었습니다. 그런데 웬 부인 한 사람이 그녀에게 다가와서 끌어안고 흐느꼈습니다. 두 사람이 어떤 관계이며, 무슨 사연이 있는지 알지 못합니다. 그러나 분명히 알 수 있는 사실이 하나 있습니다. 그들이 무척이나 서로를 그리워하던 사이라는 것입니다. 그런 감격에 빠지기 위해서는 두 가지 조건이 필요합니다. 그리움과 해후(邂逅)입니다.

오랫동안 만나지 못했던 사람들, 미치도록 보고 싶은 사람들이 만나면 손을 흔들고 포옹하고 눈물을 흘리기까지 합니다. 다

른 사람들이 주변에 있는 것에 아랑곳하지 않습니다. 마치 단 둘이 있는 것처럼 반가워합니다.

전능하신 하나님이십니다. 우리를 죄에서 구속하신 자비로우신 하나님이십니다. 우리 인생의 목적이며 살아가는 이유가 되시는 하나님이십니다. 그분이 예배를 통해 인격적으로 다가오실 때 어떻게 차가운 예배를 드릴 수 있겠습니까? 성령 안에서 드려지는 예배라면 그럴 수 없습니다.

하나님과의 만남이 있는 곳에는 언제나 거룩한 감화가 있습니다. 변화받는 영혼이 있습니다. 성령 안에서 드리는 예배는 죄의 영향으로부터 벗어나게 합니다. 예민한 영적 감각으로 살아 계신 하나님을 느끼게 합니다. 그분의 임재를 자각하는 가운데 예배가 드려지게 합니다.

신령한 체험은 은혜로운 정서를 동반합니다. 따라서 예배가 성령 안에서 드려진다면 거기에는 반드시 은혜로운 정서가 깃듭니다. 거룩한 열정이 생겨납니다. 그것이 성령 안에서 예배드리는 은혜의 증거입니다.

예배의 목표가 예배자들의 정서에 자극을 주는 것일 수는 없습니다. 만약 예배에 이런 식의 목표를 부여한다면, 그것은 잘못된 것입니다. 그래서 예배에 있어서 과도한 악기 사용이나 열광적인 찬양, 예배실의 지나친 실내 장식 등은 권장되지 말아야 합니다.

미국으로 건너간 초기 영국 이민자들의 예배의 역사를 보십시오. 그들은 예배 시간에 어떤 악기도 사용하지 않았습니다. 그들은 단순한 찬송을 불렀습니다. 말씀에 집중하며 깨닫기를 원하면서 찬송했습니다.

그들은 모두 음악을 사랑하고 즐기던 사람들이었습니다. 가정에서는 악기를 사용하며 즐겨 찬송하고 노래부르던 그들이었습니다. 그러나 예배에서는 그것을 거부하였습니다. 물론 당시 그들의 견해에는 지나친 면이 있었습니다. 그것은 영국 국교회의 예배 형식에 대한 반발이기도 했지요.

그러나 올바른 예배에 대한 그들의 견해에는 귀담아들을 만한 교훈이 있습니다. 그들은 잘못된 요인으로써 예배자들의 정서를 불러일으키는 것의 위험성을 경계한 것입니다.

그들은 오직 말씀에 은혜받기를 원했습니다. 진리를 깨닫고 신령한 감화를 받음으로써 은혜로운 정서가 가득하게 되기를 원했습니다. 예배에 있어서, 다른 인위적인 정서의 자극은 유익하지 못할 뿐 아니라 위험하다고 믿었던 것입니다.

성령 안에서 예배드린다면 하나님을 깊이 경험할 것입니다. 그분의 임재 앞에서 후회, 탄원, 열정, 두려움, 근심, 신비, 경외,

사랑, 아픔, 절망, 신뢰, 소망, 고난, 위로와 같은 정서를 반드시 경험하게 될 것입니다.

십자가를 경험케 하는 성령

성령은 우리의 참모습을 보게 하십니다. 성령이 함께하시는 예배는 자신이 하나님 앞에서 누구인지를 깨닫게 해줍니다. 그런 예배가 오직 은혜로 살아갈 수밖에 없음을 인정하게 합니다. 하나님만 바라보며 살게 합니다.

비천한 죄인들임에도 불구하고 하나님을 예배할 수 있게 해주시는 은총의 근거는 무엇입니까? 회개하는 자들의 예배에 오셔서 용서해 주시는 은혜는 무엇을 통해 발견됩니까? 선한 것이 없는 죄인을 용납하시는 하나님의 사랑이 어떻게 나타났습니까?

그것은 그리스도의 구원 사역입니다. 바로 그리스도의 십자가와 부활 사건입니다. 예수 그리스도의 죽음과 부활, 성령 강림 그리고 재림은 나누어질 수 없는 하나님의 구속 역사입니다.

예배 속에서 십자가 죽음과 성령의 은혜는 나누어지지 않습니다. 성령 안에서 드리는 예배의 깊이는 그리스도의 구속을 깨닫는 정도에 비례합니다. 따라서 복음이 없는 곳에서는 성령 안에서 예배드리는 일이 불가능합니다. 왜냐하면 성령이 함께하시지 않는 한, 십자가의 구원을 기뻐하지 못할 것이기 때문입니다.

위대한 부흥 시대의 교회를 돌이켜 보십시오. 예배 중에 하나님의 임재가 있었습니다. 한 시대의 각성을 알리는 첫 회심도 항상 십자가의 복음을 선포하는 것으로 시작되었습니다. 십자가에서 이루신 그리스도 예수의 구속 사건에 감격하던 사람들이 부흥을 경험하였습니다. 그들은 자기들이 하나님을 예배할 수 있게 된 은혜의 근원을 그리스도의 십자가에서 찾았습니다.

그리스도께서 자신들을 위해 십자가에 못 박히셨음을 새롭게 인식했습니다. 자신의 의로운 행위를 통해 하나님 앞에 용납받는 것이 아님을 깨달았습니다. 오직 그리스도의 보혈의 공로로 의롭게 여기심을 받았다는 사실을 인정하게 되었습니다.

아무리 훌륭한 삶을 살았던 사람들이라도 예배하러 나올 때마다 자신과 같은 죄인을 구원하신 하나님의 은총에 감사했습니다. 의로운 삶을 살았으나 자신의 행위 때문이 아니라 그리스도의 대속적인 죽음 때문에 예배를 받아 주신다고 믿었습니다. 예배드릴 때마다 오직 유일한 중보자이신 예수 그리스도만을 의지했습니다.

예배의 핵심은 하나님의 구원 사건에 대한 찬양과 감사입니다. 그 구원 사건의 핵심은 십자가와 부활입니다. 예배를 올바른 방식으로 드린다면 거기에는 언제나 십자가의 구원 사건에 대한 회고와 감격이 있습니다.

그리스도가 모든 삶의 중심이 되며, 우리의 삶 자체가 그분의 죽으심과 부활을 기념하는 것이어야 합니다. 예배를 통해 이 복음적 사실을 깨닫고 고백해야 합니다. 거기에는 언제나 우리를 위해 이루신 십자가의 구속을 향한 입을 다물 수 없는 감격이 있습니다. 성령 안에서 드리는 예배를 통해 우리가 세상을 어떻게 살아가야 하는지를 깨닫게 됩니다.

기억하십시오. 살아 있는 예배에는 침묵 이상 그 무엇이 있습니다. 침묵을 능가하는 영적 권세가 있습니다. 하나님과 설교자, 설교자와 교인, 교인과 예배의 관계를 장악하시는 성령의 역사가 필요합니다.

성령은 설교자와 교인들을 교통하게 만듭니다. 성령이 함께하시지 않는 예배. 그 예배에서 말씀을 전하는 것은 설교자에게 고통스러운 일입니다. 또한 그런 설교를 듣는 것은 예배자에게도 힘겨운 것입니다. 그런 예배에는 설교자와 교인 사이에 오고 가는 교감이 없습니다. 일치하는 정서가 없습니다.

성령의 역사가 없다고 생각해 보십시오. 설교자는 흐느껴도 냉랭한 교인들은 졸 수 있습니다. 교인들은 상하고 가난한 마음으로 예배에 나아와도 어리석은 설교자는 코미디 같은 설교로 교인을 웃기려 들 수도 있습니다.

그러나 성령이 그들 모두 가운데 역사하실 때 놀라운 일이 일어납니다. 심판을 설교하는 설교자가 거룩하신 하나님의 공의로 우심을 느끼게 될 것입니다. 듣는 교인들은 진노하시는 하나님의 엄위하심을 깨달을 수 있을 것입니다.

설교자가 하나님의 사랑을 전한다고 생각해 봅시다. 설교자의 마음이 하나님 사랑에 녹을 때 그의 입에서는 마치 기름을 바른 것처럼 사랑에 관한 말씀이 흘러넘칠 것입니다. 누가 설교자를 그렇게 만듭니까? 오직 성령이십니다.

냉담하게 설교하는 것은 단지 말하는 것입니다. 입에서 나온 설교는 잘해야 머리에까지 도달할 뿐입니다. 설교자는 전하는 말씀의 내용에 먼저 성령의 감화를 받아야 합니다. 성령이 역사하시지 않는다면, 설교자는 느끼지도 못하는 내용을 설교해야 하고 교인들은 깨닫지도 못하는 설교가 끝나기를 기다릴 것입니다.

성령 안에서 드리는 예배를 통해 자신의 죄를 발견해야 합니다. 하나님 앞에서 돌이킬 수 있어야 합니다. 흔히 경험할 수 없는 파격적인 은혜의 경험이 필요합니다. 이것은 오직 성령 안에서 드리는 예배를 통해서 가능합니다.

예수 그리스도께서 십자가에 못 박혀 살이 찢기시고 피 흘리신 고난을 설교한다고 가정해 보십시오. 이때 성령이 설교자를 움직이시지 않는다면, 그는 오래전에 일어난 역사적 사건만을 나열할 수밖에 없을 것입니다. 그 설득이 꽤 논리적이라면 교인들은 지적으로 동의할 것입니다. 그러나 그게 다입니다. 그래서 어쨌다는 것입니까?

그러나 성령이 역사해 보십시오. 예배자들은 지금 자기들 앞에서 재연되고 있는 십자가 사건을 경험합니다. 그들이 십자가 아래서 죄를 회개할 때, 그것은 단지 십자가 사건을 회고하고 기념하는 것이 아닙니다. 그들은 지금 말씀의 지평 위에 새롭게 반복되는 십자가 사건을 영적으로 경험하고 있는 것입니다. 그래서 죄 때문에 예수 그리스도께서 죽으신 것을 아파하며, 고백하고 용서를 구하게 됩니다. 오직 성령이 이 일을 하십니다.

성령 안에서 누리는 자유

'하나님은 영이시니'라는 말씀을 통해 받는 또 다른 교훈은, 예배에서 맛보는 자유입니다. 성령 안에서 드리는 예배에는 자유가 있습니다.

예배에는 정해진 순서와 규모가 있어야 합니다. 이런 것들을 모두 배척하는 사람들은 언제나 있었습니다. 극단의 자유를 강조한 나머지 예배에서 일체의 규모화된 형식을 거절한 것입니다. 그러나 여기서 말하는 자유는 그런 것이 아닙니다.

모든 형식은 성령과의 직접적인 교통에 방해가 된다는 위험한 확신을 가졌던 사람들도 있었습니다. 예배 시간 중 하나님의 음성을 들은 사람들에게 발표할 기회를 주는 교회도 있었습니다. 방언을 말하며 그것을 통역하는 순서를 도입하기도 했지요. 하나님으로부터 직접적 계시를 받는 정도가 경건의 척도가 된다고 생각하였습니다. 모두 비성경적인 것입니다.

정반대로 치우친 극단도 있습니다. 이들에게 중요한 것은 전통이고 지식입니다. 하나님을 위한 예배라기보다는 예배 자체를 위한 예배처럼 보입니다. 그들은 자기들만의 예배 형식에 대해 배타적인 견해를 가지고 있습니다.

1990년대 중반, 저는 빈야드 운동이 한창인 캐나다 토론토의 에어포트 교회의 집회에 가 본 적이 있습니다. 그것이 참된 부흥인지 알아보기 위해서였습니다.

당시 그곳에는 매일 약 2천여 명의 교인들이 운집하였습니다. 티셔츠 차림을 한 목사가 사회를 보며 찬양도 인도했습니다. 축하 순서를 진행하기도 하고, 참석자들 중에서 간증도 하게 했습니다. 이런저런 간증이 계속되었습니다. 물론 대규모의 뮤직 밴드도 동원되었습니다.

하나님보다는 어떤 신비한 체험에 몰두하는 사람들의 모임이었습니다. 어떤 사람들은 기어 다니며 짐승 소리를 내고, 어떤 사람들은 쓰러졌습니다. 그런데 하나님의 말씀도 회개의 눈물도 없었습니다.

이러한 형식 없는 집회는 예배라고 부를 수 없습니다. 이러한 집회 형태가 필요한지는 모르겠지만, 분위기만 은혜로우면 그것이 예배라는 견해에 대해서 반대합니다.

전통을 무시하고 인사, 축하, 찬양, 드라마 등으로 구성된 전도 집회를 과연 예배라고 부를 수 있겠습니까? 전도 집회는 전도 집회이고, 예배는 예배입니다. 두 가지 모두 은혜가 필요하고 또 영적일 수 있습니다. 그러나 두 모임의 목표는 같지 않습니다.

강조하고 싶은 것은 이것입니다. 형식을 파괴한다고 해서 자유가 생기는 것이 아니라는 사실입니다. 그것이 곧 성령으로 말미암는 자유로움이 아니라는 것입니다. 예배를 진정으로 자유케 하는 것은 성령입니다. 그것을 속박하고 있는 것은 성령의 역사의 결핍이지, 형식 그 자체가 아닙니다.

대부분의 교회는 성경과 역사를 참고하며 나름대로 예배의 형태를 갖춰 왔습니다. 물론 역사적으로 있었던 예배 형태 중 그 어느 것도 절대적인 것은 없습니다. 그러나 어느 시대든 공통된 요소가 있었고 또 순서가 있었습니다.

복된 교회 시대에 넘쳤던 예배의 은혜는 말랐습니다. 그러자 사람들은 메마른 예배가 전통적인 형식을 고집하기 때문이라고 생각했습니다. 그러나 그것은 대단히 잘못된 진단입니다. 예배를 그토록 메마르게 한 주범은 형식 자체가 아니라 성령의 결핍이기 때문입니다.

개척 교회를 시작한 지 얼마 되지 않았을 때였습니다. 주일 낮 예배에 강단에 올라갔습니다. 미리 설교할 본문이 공지되지는 않았지만 설교문은 준비되어 있었습니다.

설교를 시작할 시간이 되었는데 처음 본 사람들 여럿이 와서 앉아 있었습니다. 교인들이 전도한 불신자들이었습니다. 저는 준비된 설교를 접어 두고 전도 설교를 했습니다. 지금도 그것이 잘한 결정이었다고 생각합니다.

예배는 일정한 규모를 따라 드려져야 합니다. 그러나 성령이 그 순서들을 사용하여 많은 사람의 마음을 움직이실 수 있습니다. 커다란 감화를 주실 수 있습니다.

자, 가정해 봅시다. 설교를 30분 안에 마치기로 예정했는데 하나님의 놀라운 은혜가 설교자를 붙잡았습니다. 설교자는 진리의 말씀을 폭포수같이 쏟아 내고 있습니다. 교인들도 놀라운 은혜를 맛보고 있습니다. 예정된 설교 시간을 거의 다 사용했습니다. 하나님의 은혜의 역사는 계속되고 있습니다. 그때 설교자는 시계를 보며 마쳐야 할까요? 아니면 더 설교해야 할까요?

예배 시간을 늘리자고 주장하는 것은 아닙니다. 일정한 규모를 지키면서 예배드리지만, 그 안에서 성령이 자유롭게 역사하실 여지를 인정해야 한다는 것입니다. 성령이 주관하시는 예배가 되어야 합니다. 규모가 있으면서도 얽매이지 않는 자유로움이 있어야 한다는 것입니다.

맺음말

성령이 예배 가운데 역사하시지 않으면 깨달음은 없습니다. 영혼의 변화도 없습니다. 진정한 참회와 사죄의 확신도 있을 수 없습니다. 모습은 경건해도 결국은 형식을 숭상하는 바리새인들의 예배가 될 수 있습니다. 또는 예배의 형식을 버리는 자유주의자가 될 수도 있습니다.

성령 안에서 드리는 예배가 아니고서는 거룩한 감화를 받을 수 없습니다. 험악한 세상과 싸우며 살아갈 믿음이 생겨날 수 없습니다. 승리하는 삶을 확신하며 교회당을 나설 수 없습니다. 넓은 의미의 예배인 엿새 동안의 삶에서 결코 성공할 수 없습니다. 다음 주일에는 실패한 삶 때문에 드리는 좁은 의미의 예배가 더욱 답답하게 될 것입니다.

믿음을 가지십시오. 예배다운 예배를 통해 만들어진 교인은 특별합니다. 하나님을 경배하는 자로 세워집니다. 예배의 감격이 있다면 그 교회는 사람들로 가득 차게 되고, 그 사람들은 하나님으로 가득 차게 될 것입니다.

오늘날 침묵으로 드리는 무감각한 예배는, 우리에게 진정한 부흥이 필요함을 보여줍니다. 그러므로 우리는 기도해야 합니다. 예배가 성령 안에서 불꽃처럼 드려지기를 간구해야 합니다.

하나님과의 만남의 정수는 '말씀하시는 하나님의 음성을 듣는 것'입니다. 하나님과의 만남이 있는 예배가 되기 위해서는 무엇보다도 강단의 설교가 순수한 하나님의 말씀이어야 합니다. 그리고 말씀을 사모하는 성도들이 있어야 합니다.

제3장. 예배와 진리

진리 안에서 드리는 예배입니까?

"아버지께 참되게 예배하는 자들은 영과 진리로 예배할 때가 오나니 곧 이때라
아버지께서는 자기에게 이렇게 예배하는 자들을 찾으시느니라
하나님은 영이시니 예배하는 자가 영과 진리로 예배할지니라"
요한복음 4장 23-24절

언젠가 식당에서 제육볶음을 주문한 적이 있습니다. 몹시 배가 고팠고 얼큰하면서도 육류가 들어 있는 식사를 하고 싶었습니다. 탁자 위에 놓인 보리차로 빈속을 달래면서 음식이 나오기를 기다렸습니다.

잠시 후 요리가 탁자에 놓이는 순간 후회하였습니다. 제육볶음인데 젓가락으로 아무리 뒤적거려도 고기가 별로 보이지 않았습니다. 양파와 파, 양배추 같은 것들이 대부분이었습니다. 그것은 제육볶음이 아니라 차라리 야채볶음이었습니다. 그릇을 비우고 나서며 중얼거렸습니다. "다시는 이 집에 안 온다."

설교가 제육볶음이라면 그 안에 깃든 진리는 고깃점입니다. 설교자는 받은 바 하나님의 말씀을 요리해야 합니다. 교인들의 신앙과 지식의 수준에 맞춰서 말입니다. 아무리 좋은 고기라 할지라도 요리하지 않으면 사람들이 즐겨 먹을 수 없습니다. 요리를 잘한다 할지라도 재료가 충실하지 않다면 좋은 평가를 받을 수 없습니다. 예배는 진리 안에서 드려져야 하고, 그러기 위해서는 설교가 온전히 성경의 진리를 전달해야 합니다.

진리를 통한 하나님과의 만남

예배에서 중요한 두 번째 요소는 진리입니다. 예배는 단지 의무의 이행이나 어떤 사건의 기념이 아닙니다. 하나님의 임재 체험, 곧 하나님과의 만남입니다.

하나님과의 만남이 없는 예배는 심령을 더욱 굳어지게 합니다. 하나님의 은혜에 대한 갈망을 상실하게 합니다.

하나님을 만나는 예배가 신자다운 삶을 살게 합니다. 신자는 말씀을 통해서 하나님을 만납니다. 말씀으로 영혼이 깨어나면 즉시 깨닫게 될 것입니다. 죽은 예배를 드리는 동안 영혼이 얼마나 고통을 받았는지를 말입니다.

오늘날 교회를 보십시오. 5년, 10년, 20년, 30년씩 예배를 드렸지만 회심의 징표조차 없는 교인들이 얼마나 많습니까? 예배의 감격도 모르는 사람들이 얼마나 많습니까?

참된 신자와 거짓 신자를 나눌 때 그 기준은 교회 출석이 아닙니다. 예배 참석이 아닙니다. 그가 진정으로 회심했는가, 그리고 날마다 거룩한 삶을 살아가고 있는가입니다.

하나님과의 만남은 언제나 그분의 성품에 관한 새로운 지식을 가져다줍니다. 하나님과의 만남은 단지 감정적인 흥분이나 정서만의 변화가 아닙니다. 자기를 잊어버리는 이방 종교의 엑스터시(ecstasy)가 아닙니다.

하나님을 만나는 사람에게는 반드시 진리에 대한 깨달음이 있습니다. 지식이 있습니다. 성령으로 깨닫게 하신 신령한 지식입니다. 이 지식이 마음의 감화를 불러일으킵니다. 이 감화는 은혜입니다. 그것은 사랑을 가져옵니다. 하나님은 말씀 없이 찾아오시는 법이 없습니다.

아기 예수가 태어나실 때 하나님은 천사를 보내셔서 알리셨습니다. 그때 천사는 자기를 보여주기 위해 파송된 것이 아닙니다. 하나님의 말씀을 전하려고 온 것입니다.

> 보라 네가 잉태하여 아들을 낳으리니 그 이름을 예수라 하라 그가 큰 자가 되고 지극히 높으신 이의 아들이라 일컬어질 것이요……(눅 1:31-32).

요단강 강변에서 세례를 받으실 때에도 마찬가지입니다. 세례받는 곳에 하나님이 임재하셨습니다. 그때에 하늘에서는 분명한 음성이 들렸습니다.

> ……이는 내 사랑하는 아들이요 내 기뻐하는 자라(마 3:17).

부활하신 예수 그리스도와의 만남을 증거하고 있는 사울의 회심 기록도 마찬가지입니다. 주님이 나타나셨고 거기에서 이루어진 만남을 통해 말씀하셨습니다.

> ……사울아 사울아 네가 어찌하여 나를 박해하느냐(행 9:4).

사울은 일생일대의 회심을 경험했습니다. 단지 신비 체험이 아니었습니다. 그리스도와의 만남의 체험이었습니다. 거기에는 분명히 주시는 말씀이 있었습니다.

하나님과의 만남이 있는 곳에는 반드시 말씀이 있습니다. 만남은 하나님의 교훈과 함께 이뤄집니다. 이것이 바로 예배입니다. 하나님 뵈옵기를 원하는 것은 말씀하시는 하나님을 만나고 싶어하는 것입니다. 하나님의 성품을 깨닫고 싶다는 것입니다.

영적 체험 가운데 가장 놀라운 것은 말씀의 체험입니다. 말씀 체험이 우리의 인생을 바꾸어 놓습니다.

신비 체험을 했지만, 정함이 없는 신앙생활을 하는 사람들이 있습니다. 거룩해지려는 노력도 없고, 주님을 닮아 가는 기쁨도 없습니다. 구원의 목적을 따라 살지 않습니다.

무엇이 잘못되었기 때문일까요? 신앙은 불꽃입니다. 불은 열만 필요한 것이 아니라 빛도 필요합니다. 뜨거운 열정뿐 아니라 분명한 지식도 필요하지요. 신령한 체험도 중요하지만 진리가 아니면 우리를 붙들어 주지 못합니다. 말씀에 붙들리지 않는다면 아무리 많은 체험을 해도 참된 신앙으로 나아가지 못합니다.

예배에서 진리는 하나님과의 만남을 위한 다리입니다. 설교는 죄인과 하나님 사이를 이어 주는 것입니다. 다리가 있다고 해서 모든 사람이 거기로 건너가는 것은 아닙니다. 그러나 다리가 없다면 아무도 건너갈 수 없습니다. 말씀 없이 하나님을 만날 수 없습니다.

신학교 다닐 때 목회자들과 함께 원어 성경을 공부한 적이 있습니다. 거기에 함께한 이들 가운데 이단에 속한 교파의 교역자도 있었습니다. 어느 날 그 교역자는 많은 사람들에게 고백했습니다. 자신은 원어 성경을 공부하면 할수록 자기 교주의 가르침이 진리라는 확신이 깊어진다는 것이었습니다.

무엇 때문일까요? 성경적 확신이 아니라 이단적 확신을 가지고 성경을 보았기 때문입니다. 그래서 원어 성경을 보아도 올바른 가르침을 발견할 수 없었던 것입니다.

진리가 선포되지 않는다고 생각해 보십시오. 아무리 열심히 예배를 드려도 하나님을 만나지 못할 것입니다. 더 멀어질 뿐입니다. 말씀이 올바로 선포되는 일 없이는 올바른 예배가 드려질 수 없습니다. 예배는 진리 안에서 드려져야 합니다.

말씀을 통해 일하시는 하나님

구약 시대에는 하나님이 직접 나타나셔서 말씀하셨습니다. 이상(異象) 중에 지시하기도 하셨습니다. 그러나 시간이 흐르면서

이러한 하나님의 나타나심은 점점 줄어들었습니다. 그리고 하나님의 계명을 상기시키는 선지자가 등장하였습니다. 이적보다는 믿음이 강조되었습니다. 선지자들을 부르시고 말씀을 주셨습니다. 그들을 통해 하나님의 뜻을 알리셨습니다. 말씀을 깨닫는 곳에 하나님과의 만남이 있게 하셨습니다.

이제는 예배 시간에 설교자를 통해서 말씀하십니다. 증거되는 말씀을 통해서 예배자들을 만나 주십니다. 그러므로 설교자는 성경을 설교해야 합니다. 그렇지 않으면 설교는 하나님의 말씀이 아닙니다.

종교 개혁의 기치를 높이 들었던 마르틴 루터(Martin Luther, 1483-1546)를 생각해 보십시오. 그는 누구보다 성경의 권위를 강조했지만, '(구두로) 선포되는 하나님의 말씀' 곧 설교의 권위를 결코 간과하지 않았습니다.

사도 바울이 말한 바와 같이 '복음은 하나님이 선지자들을 통하여 그의 아들에 관하여 성경에 미리 약속하신 것'이지만(롬 1:2) 그리스도께서 오셔서 제자들을 파송하시기 전까지는 공개적으로 또 구두로 선포되지 않았다. 그러므로 교회는 기록의 집(pen house)이 아니라 선포의 집(mouth house)이다. 신약과 복음의 본질이 바로 이것이니 살아 있는 목소리와 입술로 선포되고 촉구되어야 한다는 점이다. 그리스도께서도 아무것도 기록하지 않으셨다. 또한 기록하라고 명하지 않으시고 선포하라고 명하셨다.[3]

마르틴 루터는 하나님의 말씀이 글자와 음성으로 하나님을 증거한다고 보았습니다. 성경을 해석하는 설교의 중요성을 다음과 같이 강조하였습니다.

그리스도의 나심과 그분의 왕국을 증거하는 두 증인이 있다. 하나는 성경, 곧 철자로 이해되는 말씀이다. 또 다른 하나는 음성, 곧 입술로 선포되는 말씀인데, 바울과 베드로는 이 말씀을 빛과 등불이라고 불렀다(고후 4:4, 벧후 1:19). 빛이 비치지 않고서는 성경을 이해할 수 없다. ……요한계시록 5장 3절이 증거하는 바와 같이 신약은 구약을 열고 드러낸 것이기 때문이다. ……(그래서) 사도들의 모든 설교는 그야말로 성경에서 출발하였고 성경에 근거한다.[4]

---

[3] Martin Luther, "Gospel for the First Sunday in Advent"(Matt. 21:1-9), in *Luther's Works: Church Postil I*, vol. 75 (Saint Louis: Concordia Publishing House, 2013), 51.

[4] Martin Luther, "The Gospel for the Festival of the Epiphany"(Matt. 2:1-12), in *Luther's Works: Sermons II*, vol. 52 (Philadelphia: Fortress Press, 1974), 205.

존 칼빈(John Calvin, 1509-1564)도 비슷한 견해를 보입니다. 파커(T. H. L. Parker, 1916-2016)는 이에 대한 칼빈의 생각을 이렇게 요약하여 제시합니다.

> 성경은 확정적이고 주권적인 반면 설교는 파생적이며 종속적일 수밖에 없다. 성경이 설교에 맞추어져야 할 필요는 없으나 설교는 성경에 일치하여야 한다. 정확히 말해서 설교의 영광이란 성경에 대하여 파생적이고 종속적인 지위로서의 겸손함에 있다. 칼빈에 따르면 설교는 '하나님의 말씀'의 지위를 성경으로부터 '차용'하는 것이다. 그러므로 설교가 성경의 메시지를 전달하는 한 그것은 하나님의 말씀이다.[5]

모든 설교가 하나님을 만나게 해주지 않습니다. 성경에 대한 올바른 설교, 예배자들의 마음, 그 위에 내리시는 성령의 은혜, 이 세 가지가 있을 때 하나님과의 만남이 있는 예배가 됩니다.

예배를 모세가 시내산에 올라가는 것에 비유해 봅시다. 이스라엘 백성들은 모세를 통해 하나님과의 만남을 기대하며 마음

---

[5] T. H. L. Parker, *Calvin's Preaching* (Louisville: Westminster John Knox Press, 1992), 23.

과 의복을 정결케 합니다. 모세는 새로운 기대를 가지고 하나님의 임재를 바라며 올라갑니다(출 19:20). 드디어 산에서 하나님을 뵙습니다. 말씀하시는 하나님의 음성을 듣습니다(출 19:21-24). 그리고 들은 말씀을 백성들에게 전해 줍니다(출 19:25). 백성들은 거기서 거룩한 헌신을 맹세합니다(출 24:7). 그리고 축제 분위기가 됩니다.

예배가 그런 것입니다. 예배에서 설교의 위치를 잘 알 수 있지 않습니까? 하나님과 만날 것이라는 기대가 없다면 성령이 임하시기를 기도하지 않을 것입니다. 깨닫지 못하는 곳에 어떻게 하나님과의 만남이 있을 수 있겠습니까? 그러므로 하나님을 만나고 싶어하는 사람들은 말씀을 받아들일 준비를 해야 합니다.

요점은 이것입니다. 예배를 통해 말씀을 받고, 그로써 영적 변화를 기대해야 합니다. 그 변화는 진리를 깨달음으로써 일어납니다. 성령의 역사하심으로 가능합니다.

깊은 산속 옹달샘에 아주 맑은 샘물이 있습니다. 그 물을 퍼다가 사람들에게 순수한 상태로 나눠 주고자 합니다. 그렇게 하려면 운반 과정에서 오염의 요소가 없어야 합니다.

설교도 마찬가지입니다. 성경은 진리입니다. 모든 설교의 유일한 원천입니다. 사람이 전하는 설교가 여전히 하나님의 말씀이 되기 위해서는, 성경 진리가 올바르게 다루어져야 합니다. 하나님과의 만남이 있는 예배가 되기를 사모하십시오. 순수한 하나님의 말씀이 선포되기를 간구하십시오.

교회에는 언제나 순결하지 않은 방식으로 말씀을 전하는 사람들이 있었습니다. 하나님의 말씀을 혼잡하게 하는 사람들이 있을 때(고후 2:17), 예배의 어려움도 함께 있었습니다.

진리의 빛이 사라지면 언제나 어두움의 영들이 활개를 칩니다. 깨닫지 못하는 우매한 마음은 미신과 오류가 깃들기에 아주 좋은 환경입니다. 그래서 사도 바울도 이렇게 말했습니다.

> 우리는 수많은 사람들처럼 하나님의 말씀을 혼잡하게 하지 아니하고 곧 순전함으로 하나님께 받은 것같이 하나님 앞에서와 그리스도 안에서 말하노라(고후 2:15-17).

설교가 예배의 꽃인 이유는 그것을 통해 하나님의 음성을 들려주기 때문입니다. 신자의 마음에 임하는 은혜는 이해를 통해서 옵니다.[6] 이해가 이성을 통한 것이든지 믿음을 통한 것이든지, 아는 것과 은혜를 받는 것은 분리되지 않습니다. 하나님은 물

---

[6] J. I. Packer, *Among God's Giants* (Eastbourne: Kingsway Publications, 1997), 370.

리적 폭력이나 신비로운 힘이 아니라 지성의 설복을 통해 은혜를 주십니다. 성령은 우리를 인격적으로 승복하게끔 인도하십니다.

설교를 통해 순수한 하나님의 말씀을 들을 수 있어야 합니다. 영혼을 변화시키고 은혜를 받게 하는 것은 하나님의 역사입니다. 그러나 이를 위해 설교자들이 해야 할 일이 있으니 순수한 말씀을 전하는 것입니다.

설교는 하나님의 심판과 위로를 포함해야 합니다. 죄인을 향한 진노와 용서하시는 자비를 함께 보여주어야 합니다. 모든 설교자는 위로하는 자인 동시에 죄를 깨닫게 하는 선지자가 되어야 합니다.

한편, 예배자들은 선포되는 하나님의 말씀을 잘 깨닫고자 노력해야 합니다. 설교는 알아듣기 쉽고 평이해야 합니다. 이 점에 관해, 리처드 백스터(Richard Baxter, 1615-1691)는 자신의 책 『참된 목자』(*The Reformed Pastor*)에서 다음과 같이 말했습니다.

> 양 무리를 가르칠 때에 그 가르침은 쉽고 단순해야 한다. ……훌륭한 대의를 널리 펼치는 가장 좋은 방법은 쉽고, 일반적이며, 완전히 이해되도록 전하는 것이다.[7]

---

[7] Richard Baxter, *The Reformed Pastor* (Edinburgh: The Banner of Truth Trust, 1994), 115-116.

설교자는 성경 말씀과 설교가 동일한 가르침의 선상에 있도록 전해야 합니다. 다시 말해서 성경과 성경 해석, 그리고 설교 사이에는 진리의 일치가 있어야 합니다.

결코 현학적인 방법으로 하나님의 말씀을 다루지 말아야 합니다. 설교는 진지해야 합니다. 지나친 유머도 바람직하지 않습니다. 설교자는 자신을 감추고, 하나님의 말씀이 더 잘 드러나게 하려는 열망을 가져야 합니다.

자신이 깨달은 성경 말씀을 친숙한 방식으로 전달해야 합니다. 자신에게 이미 적용했고 스스로 실천했기 때문에 체화된 방식으로 전달해야 합니다.

자신이 소화하지 못한 내용들을 전해서는 안 됩니다. 지나친 과장이나 꾸밈으로 말씀의 본뜻을 흐리게 해서는 안 됩니다. 그래야만 진리 안에서 드리는 예배가 됩니다.

맺음말

오늘날 예배는 위기 가운데 있습니다. 이것은 곧 영적인 위기 상황입니다. 이럴 때일수록 교회는 예배의 본질을 회복하려고 노력해야 합니다.

가장 시급한 것은 설교의 회복입니다. 이것은 곧 설교자에게는 변화를 요구하고 성도들에게는 기도를 촉구합니다.

설교의 회복 없이는 예배가 회복된 적이 없습니다. 설교자들은 하나님을 깊이 만나야 합니다. 전하고자 하는 말씀에 불타는 사람이 되어야 합니다. 그때 예배의 영광은 회복됩니다.

우리의 예배는 진리 안에서 드려져야 합니다(요 4:23). 그리고 이를 위해 설교자는 불꽃처럼 타올라야 합니다.

신자들이 순수한 하나님의 말씀에 정직하게 반응하는 일 없이는 결코 예배의 영광을 회복할 수 없습니다. 예배자는 설교 속에서 자신을 향한 하나님의 말씀을 들어야 합니다. 그 말씀을 통해 삶에 대한 각성과 결단이 있어야 합니다.

제4장. 들어야 할 목소리

말씀에 귀 기울이는 예배입니까?

"오직 내가 이것을 그들에게 명령하여 이르기를 너희는 내 목소리를 들으라
그리하면 나는 너희 하나님이 되겠고 너희는 내 백성이 되리라……"
예레미야 7장 23절

청년들을 목회할 때의 일입니다. 열심으로 이름난 형제가 예배에 참석하고 있었습니다. 눈길을 끈 것은 이 친구의 기이한 예배 태도였습니다.

그 형제는 찬양을 좋아하고 악기도 잘 다루었습니다. 예배 시간에 자주 찬양 인도자로 섰습니다. 찬양을 부르다가 종종 눈물을 흘리곤 했습니다.

그런데 설교 시간에는 언제나 졸았습니다. 거의 잠을 자다시피 설교 시간을 보내고서는 "주신 말씀을 붙들고 기도하자."라고 제의하는 기도 시간에는 큰 목소리로 기도하곤 했습니다.

뜨거워지기만 하면 된다고 믿는 신앙생활은 어리석은 것입니다. 머리가 혼탁한 사람의 뜨거운 가슴은 거의 가치가 없습니다. 정상적인 신앙생활이 아닙니다. 그런 사람들에게는 성숙한 견고

함과 연단된 꿋꿋함이 없습니다. 왜냐하면 그들은 하나님의 말씀을 듣지 아니하기 때문입니다.

예배와 삶

예레미야 7장은 이스라엘이 불순종한 일이 무엇이었는지를 보여줍니다. 말씀에 대한 이스라엘 백성들의 태도에 관해 말해 줍니다. 선지자의 예언은 하나님의 마음을 보여주고 있습니다.

> 여호와의 말씀이니라……내가 너희에게 말하되 새벽부터 부지런히 말하여도 듣지 아니하였고 너희를 불러도 대답하지 아니하였느니라(렘 7:13).

이스라엘 백성들의 불순종에 하나님은 진노하셨습니다. 사람과 짐승과 나무와 땅의 소산이 멸망하게 될 것이라고 말씀하셨습니다. 무엇 때문입니까? 이스라엘 백성들이 하나님의 말씀에 귀를 기울이지 않았기 때문입니다.

이어서 그들이 드리는 제사에 대해 말씀하십니다.

> 만군의 여호와 이스라엘의 하나님께서 이와 같이 말씀하시되 너희 희생제물과 번제물의 고기를 아울러 먹으라(렘 7:21).[8]

하나님은 이스라엘 백성들이 바친 제물에 대하여 관심이 없으셨습니다. 예레미야 7장 21절의 히브리어 원문을 보면, 희생제물 위에다 번제물을 올려놓든지 말든지 마음대로 하라는 것입니다. 말하자면 이렇게 말씀하시는 것입니다. "너희가 나를 위해 제사를 드린다고 하지만 나는 너희들이 지내는 제사에 관심이 없다. 그러니 바친 제물은 너희나 먹어라."

이것은 예배자들이 말씀대로 살지 않을 때 그들이 드리는 예배가 하나님을 기쁘시게 하지 못한다는 사실을 보여줍니다. 단지

---

[8] 이 구절의 하반절을 히브리어 성경에서 직역하면 다음과 같다. "너희의 희생제물 위에 너희의 번제물을 더하라. 그리고 고기를 먹으라"(עֹלוֹתֵיכֶם סְפוּ עַל־זִבְחֵיכֶם וְאִכְלוּ בָשָׂר).

예배드리는 것으로 세상 사람들과 구별된다면, 이런 경고를 들어야 합니다. 하나님의 백성답게 살아가는 사람들이 모일 때, 참된 예배가 될 수 있습니다. 그러므로 이렇게 말할 수 있습니다.

> 그리스도인들은 예배를 위해서 사는 사람들이고, 또 살기 위해 예배하는 사람들이다.

교회에 나올 때 그동안 살아온 삶에 대한 부담을 가지고 있습니까? 예배드리러 나오면서 한 주간의 삶에 대한 진지한 반성과 참회가 있습니까?

삶을 돌아보라

젊은 시절, 18세기 영국의 전설적인 설교가 조지 휘트필드(George Whitefield, 1714-1770)의 생애를 읽으면서 큰 감동을 받았습니다. 그는 초인적인 수고 속에서 복음을 전했습니다.

더 놀라운 것은 자신을 소진하는 극심한 수고 속에서도, 매일 열다섯 개 항목에 걸쳐 자신의 삶을 점검했다는 것입니다.

조지 휘트필드의 자기 점검표[9]

1. 개인 기도에 열렬하였는가?
2. 작정해 놓은 기도 시간에 기도하였는가?
3. 매시간 부르짖었는가?
4. 자신이 행하려는 것이 하나님께 어떻게 영광 돌릴지 심사숙고하였는가?
5. 기쁜 일이 있을 때 즉시 하나님께 감사하였는가?
6. 하루의 일과를 미리 계획하는 일을 잊지 않고 했는가?
7. 모든 일에서 순수하였고 또한 반성해 보았는가?
8. 선한 일들을 감당하거나 행할 때 뜨거운 열심이 있었는가?
9. 말하거나 행함에 있어 온유하고 명랑하고 붙임성 있는 태도를 견지하였는가?
10. 교만하거나 허탄하게 굴거나 참지 못하거나 투기하지는 않았는가?
11. 먹고 마실 때마다 자신을 돌아보며 감사한 마음을 가졌는가? 또 잠자는 일에 절제가 있었는가?

---

[9] Arnold A. Dallimore, *George Whitefield: The Life and Times of the Great Evangelist of the 18th Century Revival*, vol. 1 (Edinburgh: The Banner of Truth Trust, 1995), 80.

12. 윌리엄 로(William Law, 1686-1761)[10]의 규칙을 따라 감사하는 일에 시간을 드렸는가?
13. 연구하는 일에 부지런하였는가?
14. 다른 사람에 대하여 불친절하게 생각하거나 말하지 않았는가?
15. 나의 모든 죄를 고백하였는가?

하나님의 말씀에 자신을 비추어 보고 있습니까? 요즘 성경 어느 부분을 읽고 있습니까? 거기서 은혜를 경험하고 있습니까? 진리를 깨닫고 죄를 뉘우치는 회개가 있습니까? 말씀 속에서 교훈과 책망과 바르게 함과 교육의 유익을 찾았습니까?

자신의 삶을 돌아보지 않는 예배는 자기 만족을 위한 것입니다. 예배를 값싼 은혜의 도구로 여기는 것입니다. 어느 날 어떤

---

10) 윌리엄 로(William Law, 1686-1761)는 영국의 경건주의 신학자이자 목회자이다. 그는 『경건한 삶을 위한 부르심』(*A Serious Call to a Devout and Holy Life*, 1728)이라는 저서를 통해 사람들에게 널리 알려지게 되었는데, 당시 이 책은 종교 개혁 이래로 잉글랜드에서 출간된 책 중 가장 영향력 있는 신학서라고 평가받았다. 그의 가르침과 작품을 칭송하였던 존 웨슬리(John Wesley, 1703-1791)와 함께 초기 감리교에도 큰 영향을 미쳤다. 후에 독일의 신비주의 신학자 야코프 뵈메(Jokob Böhme, 1575-1624)의 영향을 받기도 했지만 영국 정통주의적 신학을 견지하고 있는 경건한 신비주의 신학자로 남았다. William Law, *The Works of the Reverend William Law* (1762), Reprint, 9 vols. (Eugene: Wipf and Stock Publishers, 2001); Grayson Carter, "Law, William," in *Religion Past & Present*, vol. 7 (Leiden: Brill, 2010), 377; Erwin P. Rudolph, "Law, William," in *Encyclopedia of Religion*, vol. 8 (Detroit: Thomson Gale, 2005), 5324.

순서에 따라 예배해야 하는지를 묻는 우리에게 하나님은 이렇게 말씀하실 것입니다. "아무 날 무슨 순서로 예배하든지 너희 마음대로 해라."

하나님이 받으시는 예배가 있습니다. 예배의 정신을 따라 살아온 사람들의 예배입니다. 그런 삶을 살지 못했어도 회개하는 사람의 예배도 받으십니다. 말씀대로 살지 못했기에 뉘우치는 사람들의 예배를 받으십니다.

감격이 있는 예배에는 자기 죄를 확신하는 예배자들이 있었습니다. 죄를 확신할수록 그들은 예수 그리스도를 더욱 의지하였습니다.

그들은 실패한 삶을 살았기에 더욱 주님을 찾았습니다. 사모하는 마음으로 예배를 드렸습니다. 말씀의 은혜를 갈망하였습니다. 예배를 통해 사죄의 은총이 얼마나 큰 위로와 행복인지 알았습니다. 영혼의 안식이 얼마나 소중한지 알았습니다. 그들은 예배 정신으로 하나님 앞에서 살았고, 삶의 정신으로 예배하였습니다.

죄인임을 자각하는 사람들은 자신에게 배신당하는 적이 없습니다. 왜냐하면 자신을 의지하지 않기 때문입니다. 오직 하나님의 은혜만을 의지하기 때문입니다.

예배를 위해서 얼마나 기도하고 있습니까? 말씀을 깨닫고 싶어서 얼마나 간구하고 있습니까? 하나님 만나기를 얼마나 갈망하고 있습니까?

봄에 내리는 단비는 얼마나 복된 비입니까? 비가 없으면 봄이 되어도 새싹이 돋아날 수 없습니다. 나뭇가지에 물오를 수도 없고 아름다운 잎사귀를 피어나게 할 수도 없습니다. 그러나 살아 있는 나무는 내리는 단비로 싹이 나고 푸른빛을 더해 가지만, 죽은 나무는 그 비 때문에 더 빨리 썩습니다.[11]

하나님 앞에 드리는 예배는 봄비와 같습니다. 예배자들이 누구인지를 보여줍니다. 하나님의 은혜를 사모하는 사람들은 예배 속에서 영혼이 소생할 것입니다. 그러나 그렇지 않은 사람들은 마음이 더욱 굳어지게 될 것입니다.

말씀에 순종하는 삶

하나님은 예배 형식보다 예배자의 중심을 중요하게 보십니다. 이러한 사실은 하나님을 경외하는 마음 없이 제사를 드렸

---

11) 박윤선, 『성경 주석: 사도행전』 (서울: 영음사, 1979), 487.

던 이스라엘 백성들을 책망한 예레미야 선지자의 말씀에 잘 나타나 있습니다.

> 사실은 내가 너희 조상들을 애굽 땅에서 인도하여 낸 날에 번제나 희생에 대하여 말하지 아니하며 명령하지 아니하고(렘 7:22).

이스라엘의 구원은 하나님의 은혜로 된 것이었습니다. 하나님은 제물이 아쉬워서 그들을 구원하신 것이 아니었습니다. 당신 뜻대로 살게 하려고 구원하셨습니다.

실제로 제사에 관한 규례는 출애굽 사건이 있고 난 후에야 주어졌습니다. 이 말씀은 이스라엘 백성들을 향한 구원의 은혜를 기억하라는 뜻입니다. 하나님이 관심을 갖고 계신 것은 번제나 희생이 아니었습니다. 그것은 백성들이 하나님의 음성을 듣는 것이었습니다.

> 오직 내가 이것을 그들에게 명령하여 이르기를 너희는 내 목소리를 들으라……(렘 7:23).

이것은 시내산에서 율법을 주신 사건을 회상하게 합니다. 애굽에서 탈출한 이스라엘 백성들이 홍해를 건너 시내반도에 이르게 되었습니다. 그들은 시내산에서 머물면서 애굽의 모든 구습을 떨쳐 버려야 했습니다(출 19:10-11). 거기서 그들은 하나님의 백성으로서의 구별된 삶을 보여주는 율법을 받게 됩니다. 이때 하나님은 십계명을 주셨습니다(출 20:1-17). 그러고 나서 성막과 제사를 가르쳐 주셨습니다(출 20:22 이하).

이처럼 하나님의 우선적인 관심사는 성막이나 제사가 아니었습니다. 십계명을 지키며 살아가는 것이었습니다. 하나님께 순종하는 삶이었습니다. 그래서 말씀하셨습니다(신 13:4). "너희는 여호와의 목소리를 들으라."

진리 안에서 드려지는 예배라는 것은 예배자들이 말씀에 귀를 기울이는 것입니다. 예배 시간에 선포되는 진리에 귀를 기울여야 합니다. 이 일은 너무 중요합니다.

참된 예배가 되기 위해서는 능력 있게 진리를 선포하는 설교자와 그 말씀을 받고자 하는 예배자, 그리고 그들의 만남을 복 주시는 성령의 역사가 필요합니다.

예배 시간에 설교가 끝난 후 질문을 받지 않는 이유는 무엇입니까? 한 사람씩 나와서 토론하고 다수결로 결론을 내리지 않는 이유는 무엇입니까? 한 사람만 설교하고 많은 사람이 앉아 설교를 듣는 예배 형식은 무엇을 말해 줍니까?

어느 교회에서 성가대 지휘자와 전도사가 언쟁을 했습니다. 두 사람의 논쟁은 예배에서 중요한 순서에 관한 것이었습니다. 예배에 있어서 가장 중요한 순서가 설교냐 찬양이냐 하는 것이었습니다. 성가대 지휘자는 설교보다는 찬양이 훨씬 더 중요하다고 주장했습니다. 전도사는 찬양보다는 설교가 중요하다고 주장했습니다.

논쟁의 핵심이 무엇일까요? 그것은 설교를 무엇으로 생각하느냐의 문제입니다. 만약 찬양은 사람이 하나님을 향하여 드리는 노래라고 정의하고, 설교는 사람이 사람을 가르치는 연설이라고 생각하면, 성가대 지휘자의 말이 맞습니다. 그러나 설교가 하나님의 말씀이라고 한다면 이 같은 논리는 뒤집힙니다. 왜냐하면 찬양은 사람이 하나님께 드리는 것이지만, 설교는 하나님이 사람에게 말씀하시는 것이기 때문입니다.

하나님은 이스라엘 백성들에게 말씀하셨습니다. "이스라엘아 들으라 우리 하나님 여호와는 오직 유일한 여호와이시니"(신 6:4). 선지자들을 끊임없이 보내어 말씀하셨습니다.

그러나 백성들은 듣지 않았습니다. 하나님은 그들이 선지자의 음성을 듣지 않은 것이 곧 당신의 말씀을 거절한 것이라고 여기셨습니다(신 18:19).

하나님을 경외하는 마음이 사라지자 그들은 마지못해 제사를 드렸고 하나님은 그것을 기뻐하지 않으셨습니다. 예배를 드리러 나올 때 최대 관심사는 삶이어야 하고 삶을 살아갈 때 최대 관심사는 예배여야 합니다. 예배를 드리고 은혜를 받는 것도 결국 잘 살기 위해서가 아니겠습니까? 잘 살려고 애쓰는 것도 결국 잘 예배드리기 위해서가 아니겠습니까? 예배를 마치고 교회를 나설 때마다 결단해야 합니다. 예배 속에서 말씀하시는 하나님을 만나고 주님 뜻대로 살기를 결단해야 합니다.

예배 시간에 졸고 있습니까?

오늘날 예배 시간에 조는 사람들이 많습니다. 이것은 하나님께 대한 모욕입니다. 이렇게 드리는 예배는 믿음으로 드리는 예배가 아닙니다.

육체를 가진 인간이기에 너무 피곤하면 졸 수도 있을 것입니다. 그러나 그런 일들이 한 번, 두 번이 아니라 반복적으로 되풀이되고 있다면 이것은 단순히 육체의 문제가 아닙니다. 그것은 영혼의 문제입니다. 그런 영적 상태에 머물러 있는 것은 매우 위험합니다.

미국으로 건너간 영국 청교도들은 예배 시간에 조는 자들을 깨우는 사람을 배치했습니다. 작은 나무공을 매단 긴 막대기로 예배자 사이를 오가며 조는 자들을 툭툭 쳐서 깨웠습니다. 그때도 예배 시간에 조는 사람들이 있었나 봅니다.

하나님을 갈망하는 대신 졸음을 벗 삼아 드리는 예배를 하나님이 어떻게 생각하시겠습니까? 이에 대해 토머스 왓슨(Thomas Watson, 1620-1686)은 말했습니다.

> 말씀을 들을 때 졸지 않도록 주의하라. 예배 시간에 조는 것은 대단히 불경한 일이다. 세상에서 살 때에는 그렇게도 생기발랄하면서 하나님을 예배할 때는 어떻게 졸 수 있는가? ……예배 시간에 조는 태도는 매우 죄 된 것이다. ……말씀이 선포되는 시간에 우리는 생명의 양식을 얻게 된다. 음식을 앞에 둔 사람이 잠들 수 있는가?[12]

어느 기도원에서 집회를 하고 있었습니다. 한 성도가 제게 와서 인사를 했습니다. 남루한 옷에 털모자를 쓴 그는 병색이 깊은 얼굴이었습니다.

---

12) Thomas Watson, *The Ten Commandments* (Edinburgh: The Banner of Truth Trust, 1995), 110.

그는 오래전 제가 말씀을 전하던 예배 공동체에서 만난 사람이었습니다. 그는 잠시 자기의 처지를 이야기했습니다. 병원에서도 손쓸 수 없는 병세였고, 그래서 죽음을 앞두고 기도원에서 지내고 있다는 것이었습니다.

그의 영혼의 곤고와 육신의 질병을 보며 저의 마음은 무너지는 것 같았습니다. 저는 그와 함께 오랜 세월을 함께 예배드렸습니다. 하나님이 특별히 축복해 주시는 예배의 시기였습니다. 그런데 그는 매주 졸던 사람이었습니다. 그는 놀라운 은혜의 때에 거의 예배드리지 못했습니다.

그가 예배 시간에 졸았기 때문에 하나님께 벌을 받았다고 생각하지는 않습니다. 그러나 분명한 사실이 있습니다. 그렇게 예배하는 동안 그는 자신을 향해 주시는 말씀을 듣지 못했습니다. 영혼이 살아날 기회를 잃었습니다. 불과 몇 주 후 결국 그의 임종 소식을 전해 들었습니다.

예배 시간에 졸지 않도록 유의하십시오. 토요일에 충분한 휴식을 취하십시오. 그날은 주일을 준비하는 날이라고 생각하십시오. 하나님과의 만남을 위하여 푹 쉬십시오. 집중된 마음과 맑은 정신으로 예배에 나올 수 있도록 모든 준비를 다 하십시오. 진리를 깨닫는 예배의 감격을 위해서는 이런 준비가 필수적입니다.

언젠가 조지 휘트필드가 설교를 할 때에 한 사람이 강단 앞에서 열심히 졸고 있었습니다. 그 모습을 본 휘트필드는 즉시 설교를 멈추었습니다. 그러고는 진지한 표정과 음성으로 이렇게 책망하였습니다.

> 만약 내가 나의 이름으로 여러분에게 말하러 온 것이라면 두 팔은 무릎에 대고, 그리고 두 손은 머리를 괴고 쉬거나 잠들어도 괜찮습니다. ……그러나 나는 내 이름으로 여기에 오지 않았습니다. 그렇습니다. 나는 만군의 주의 이름으로 여기에 왔습니다. ……그러므로 나는 이 말씀이 들리도록 해야겠고, 또 그렇게 할 것입니다.[13]

말씀을 기억하라

진지하게 생각해야 합니다. 최상의 육체와 최적의 마음, 그리고 최고의 정신을 예배에 바칠 수 있어야 합니다. 예배 시간에 졸지 않고 깨어만 있다고 해서 예배를 드리는 것은 아닙니다.

---

[13] J. C. Ryle, "George Whitefield and His Ministry," in *Select Sermons of George Whitefield* (Edinburgh: The Banner of Truth Trust, 1997), 37.

오늘날 예배를 마치고 흩어지는 사람들을 교회 앞 골목에서 붙잡고 물어보십시오. "오늘 설교가 어땠습니까?" 그러면 사람들은 세 가지 중 하나로 답할 것입니다.

"은혜로웠습니다."

"괜찮았습니다."

"지루했습니다."

그 이상의 말을 할 수 있는 사람들이 얼마나 되겠습니까? 방금 예배드리고 나온 사람들 중 절반은 설교 본문도 기억하지 못합니다. 설교를 통해 하나님의 말씀을 듣고 그분을 만나는 감격을 누리는 사람이 몇이나 되겠습니까?

어느 교회에서 강의하던 때의 일입니다. 맨 앞에 앉은 교인들에게 지난 주일 낮예배 설교에 관해 질문하였습니다. 앞줄에 앉은 십여 명의 교인들 중 단 한 사람만이 지난 주일에 들은 설교의 제목과 성경 본문을 기억하고 있었습니다.

그렇다면 나머지 사람들은 무엇을 했을까요? 대부분 허공을 응시하며, 마치 가방 싼 채 종례가 마치기를 기다리는 중고등학생들처럼 앉아 있지 않았을까요?

설교를 듣고 나서는 오직 예화만을 기억하는 사람들이 있습니다. 성경 본문과 메시지는 잊어버리고 말입니다. 나중에 교인들의 마음속에 남은 것이 예화밖에 없다면 그것은 설교를 잘못 들은 것입니다. 말씀은 예배자들의 영혼과 골수를 찔러 전해져야 합니다.

설교가 강연과 같지 않은 이유가 바로 이것입니다. 그래서 토머스 왓슨(Thomas Watson, 1620-1686)은 말했습니다.

> 차려진 음식보다 함께 나온 그릇 장식을 더 기뻐하는 것은 영적으로 주린 자와는 아무런 관련이 없다는 표시다. 이런 자들은 설교를 들을 때에 설교가 전달하고자 하는 진중한 내용보다는 얼마나 고상하게 표현하는지, 얼마나 세련된 느낌으로 전달하는지에 더 관심을 가지는 사람들이다.[14]

하나님은 이스라엘 백성들이 당신의 목소리에 귀 기울여야 함을 강조하셨습니다. "……너희가 내 목소리를 듣지 아니하였으니 어찌하여 그리하였느냐"(삿 2:2).

이미 자기가 듣고 싶은 말씀을 정해 놓고 예배에 나오는 사람들이 있습니다. 그러나 예배자는 자기가 듣기 좋아하는 말에만 귀를 기울여서는 안 됩니다.

14] Thomas Watson, *The Beatitudes* (Edinburgh: The Banner of Truth Trust, 1994), 125.

말씀을 통해 하나님과 만나야겠다는 갈망으로 가득 차야 합니다. 그래야 영적으로 변화된 삶을 살 수 있습니다. 이런 예배의 자세가 필요합니다. "하나님, 무엇이든지 말씀하시옵소서. 제가 듣겠습니다."

하나님의 말씀이라면 들으라

하나님의 말씀에 귀를 기울이지 않는 성도들에게는 핑곗거리가 있습니다. 설교자의 인격적인 흠입니다. 그것을 빌미로 하나님의 말씀에 귀를 기울이지 않는 것입니다.

설교자들은 말씀을 섬기도록 부름을 받은 사람들입니다. 그들은 매우 특별한 삶을 살아가야 합니다. 특히 신령한 삶을 살아야 합니다. 하나님께만 영광 돌릴 뿐 아니라 모든 사람 앞에서도 잘 살아야 합니다.

순종하기 싫어하는 사람들에게 좋은 빌미는 설교자의 인격적인 흠입니다. 그것들이 발견될 때, 그들은 이때다 하고 떠벌립니다. "세상에 어찌 그럴 수가 있을까? 그 사람에게 너무 실망했어. 여태껏 은혜받은 것 다 헛것이었어. 나는 이제 그 사람의 설교는 듣지 않을 거야."

그러나 기억해야 합니다. 설교를 하나님의 말씀이 되게 하는 것은 설교자가 아니라 설교의 내용입니다. 물론 설교의 내용이 순전한 말씀이고 설교자가 흠 없이 정결한 삶을 살고 있다면 더 없이 좋을 것입니다.

설교자는 하나님의 말씀이 아닌 것을 말씀으로 만들거나, 하나님의 말씀을 말씀이 아닌 것으로 만들지 못합니다. 하나님의 말씀이 아니라면 듣지 말아야 하고(신 13:3), 말씀이라면 들어야 합니다. 자기 마음대로 할 수 없습니다.

일제의 강점이 끝나고 해방되었을 때의 일입니다. 교회가 커다란 논쟁에 휩싸였습니다. 세례의 유효성 문제 때문이었습니다.

일제 강점기에 일본 왕실의 조상신인 천조대신(天照大神)을 섬기는 자들에게 '미소기하라이'(禊祓い)라는 것이 있었습니다. 천조대신의 이름으로 세례를 받는 것입니다. 이런 일이 신사 참배와 함께 우리나라 사람들에게도 강요되었습니다.

문제는 사람들에게 세례를 베풀어 온 목회자가 박해를 이기지 못하고 '미소기하라이'를 받았다면 이전에 그가 준 세례가 유효하냐 하는 것이었습니다.

여러분은 어떻게 생각하십니까? 한쪽에서는 그가 배교했기 때문에 그가 베푼 세례 행위는 모두 유효하지 않다고 주장했습니다. 이런 일은 교회사에서 때때로 있었습니다. 배교한 사람들의 성직 임명 행위나 세례 행위가 유효한가, 그들의 설교를 하나님의 말씀으로 받아들여야 하는가 하는 것이었습니다.

하나님께로부터 보냄을 받은 모든 설교자가 흠 없는 인격으로 살고 있다고 말할 수 없습니다. 그렇지 못한 경우도 있습니다. 그렇다고 해서 그에게 들은 설교나 이미 받은 세례가 유효하지 않다고 말할 수 없습니다.

목회자에 대한 섭섭한 감정이나 실망 등은 하나님의 음성을 들으며 살아가야 할 의무를 면제시켜 주지 않습니다. 그것은 올바른 예배 정신이 아닙니다.

어떤 상황이든지 말씀을 통해서 하나님을 만날 수 있어야 합니다. 이것이 참된 예배 정신입니다.

맺음말

하나님이 깨닫는 것을 예배의 중심에 두셨습니다. 우리로 하여금 순종하게 하시기 위함입니다. 예배를 통해 무엇을 들으셨습니까? 설교를 통해 무엇을 깨달으셨습니까? 이제 삶의 태도를 바꾸어야 하지 않겠습니까? 그것이 바로 하나님이 말씀하시는 이유이고 예배하게 하시는 이유입니다.

하나님의 말씀에 귀 기울이십시오. 순종하며 살아가십시오. 그러면 하나님이 복을 주실 것입니다. 예배 정신은 진리의 말씀에 귀를 기울이는 태도를 통해서 드러납니다.

예배의 감격이 있습니까? 말씀하시는 하나님을 만나고 있습니까? 하나님의 말씀에 귀를 기울이는 당신의 태도는 어떻습니까? 정말 거룩한 감화를 사모하는 예배자의 마음입니까?

예배자들이 하나님께 바쳐야 할 소출이 있습니다. 그것은 '정의롭고 자비로운 삶'입니다. 설교자의 영광은 하나님의 뜻을 전함으로써 그들이 선택된 백성으로서의 정체성을 가지고 살게 하는 것입니다. 하나님께 영광을 돌리고 구원을 알리는 데 있습니다.

제5장. 밤나무의 추억

삶으로 드리는 예배입니까?

"때가 이르매 포도원 소출 얼마를 바치게 하려고 한 종을 농부들에게 보내니
농부들이 종을 몹시 때리고 거저 보내었거늘"

누가복음 20장 10절

초등학교 다니던 시절의 일입니다. 매년 가을이 되면 시골에서 밤 한 자루, 감 한 자루씩이 올라왔습니다. 우리 땅에서 농사짓는 아저씨가 보낸 것이었지요.

어린 마음에 그것이 그렇게 기쁠 수가 없었습니다. 마당에 나무 한 그루 없는 집에 살면서 시골 밤과 감을 맛볼 수 있다는 것이 신기했습니다. 삶은 밤을 주머니 가득 넣고 친구들에게 나눠 주던 기억이 납니다. 추수 때의 실과는 땅 가진 사람의 기쁨입니다.

포도원의 비유

예수님의 포도원 비유는 다음과 같은 맥락에서 나온 말씀입니다. 어느 날 예수님이 성전에서 복음을 전하셨습니다. 당시 종교

지도자들은 그것을 싫어하였습니다. 그래서 도전적으로 질문했습니다. "말하여 이르되 당신이 무슨 권위로 이런 일을 하는지 이 권위를 준 이가 누구인지 우리에게 말하라"(눅 20:2).

백성들 중 아무도 감화를 받지 않았더라면 그런 식으로 도전할 필요가 없었을 것입니다. 그러나 예수님의 가르침에는 능력이 있었습니다(마 7:29).

종교 지도자들은 예수님이 성전에서 가르치시며 복음을 선포하실 때 무언가 심상치 않은 일이 일어나고 있다고 느꼈습니다. 그래서 무슨 권한으로 그렇게 새로운 교훈을 가르치는지 물었습니다. 포도원의 비유는 그에 대한 대답이었습니다.

이 비유의 주인공은 마음씨 좋은 포도원 주인입니다. 주인은 매우 사려 깊고 자상하며 인정이 많았습니다.

그는 소작인들에게 빌려 줄 경작지에 단지 포도원만 만들지 않았습니다. 과수원을 보호하기 위해 산울타리를 설치하고, 즙 짜는 틀도 만들었습니다. 포도원을 지킬 망대도 지었습니다. 소작하는 농부들이 그 모든 시설들을 누리며 농사짓고 살게 해주었습니다.

> ……한 집주인이 포도원을 만들어 산울타리로 두르고 거기에 즙 짜는 틀을 만들고 망대를 짓고 농부들에게 세로 주고 타국에 갔더니(마 21:33).

이 비유는 역사적으로 하나님이 이스라엘 백성들에게 가나안 땅을 주신 것을 가리킵니다. 가나안 정복을 앞두고, 그들이 짓지 않은 성읍에서 살며 심지 않은 과실을 먹게 하시겠노라고 말씀하신 것을 가리킵니다(신 6:10-11).

하나님은 그 약속을 지키셨습니다. 이스라엘 백성들은 건축하지 않은 성읍을 소유하였고, 농사하지 않은 나무의 실과를 먹었습니다. 그것은 전적으로 하나님의 은혜였습니다.

그 모든 혜택을 누린 이스라엘 백성들에게는 의무가 있었습니다. 그러나 저버렸습니다. 이에 대하여 성경은 말합니다.

땅을 파서 돌을 제하고 극상품 포도나무를 심었도다 그중에 망대를 세웠고 또 그 안에 술틀을 팠도다 좋은 포도 맺기를 바랐더니 들포도를 맺었도다(사 5:2).

은혜에는 계획이 있다

어느 날 엄마는 화장대 앞에 놓인 아들의 쪽지를 보았습니다. 아침에 아이가 학교에 가면서 올려놓은 것이었습니다.

엄마에게 드리는 청구서

엄마! 아래와 같이 청구하니 내일까지 지불하여 주세요.

동생 돌보아 준 값	2,000원
방 청소한 값	1,000원
아빠 출근하실 때 구두 닦아 놓은 값	1,000원
슈퍼에 엄마 심부름 다녀온 값	1,500원
과학 시험 만점 받은 값	3,000원
합계	8,500원

이튿날 아들은 학교에 갔습니다. 점심 시간이 되어 친구들과 함께 먹으려고 도시락을 꺼냈습니다. 도시락 가방에서 쪽지 하나가 떨어졌습니다.

아들에게 주는 청구서

나는 너에게 청구할 것이 없구나.

너를 뱃속에 갖고 열 달 동안 고생한 것	공짜
11년 동안 먹여 주고 입혀 준 것	공짜
네가 아팠을 때 업고 밤길을 달려 응급실에 간 것	공짜
네가 깨뜨린 뒷집 유리창을 물어 준 것	공짜
앞으로 너를 양육하는 데 드는 비용	공짜
합계	0원

아들아! 사랑한다.

도시락 편지를 보며 아들과 친구들도 감격하며 말했습니다.
"야, 너희 엄마 최고다!"

그런데 며칠 후 손들고 벌을 받고 있는 그 집 아들의 모습이 거실 창 너머로 보였습니다.

요점은 이것입니다. 엄마는 모든 것을 거저 주었지만, 아이를 향한 계획이 있었습니다.

엄마는 아들을 양육하는 데 든 비용 때문에 속상한 것이 아니었습니다. 아이가 훌륭하게 자라서 세상과 교회에 기여하는 사람이 되기를 바랐습니다. 그런데 그렇게 자라 주지 않는 것 때문에 속상했던 것입니다. 아이를 꾸짖어서라도 그렇게 되기를 바랐던 것입니다. 성경은 말합니다.

> 무릇 만군의 여호와의 포도원은 이스라엘 족속이요……그들에게 정의를 바라셨더니 도리어 포학이요 그들에게 공의를 바라셨더니 도리어 부르짖음이었도다(사 5:7).

가나안 땅을 주신 것. 이스라엘 편에서 보면 은혜였지만 그 은혜에는 계획이 있었습니다. 그것은 소명이었습니다. 이스라엘을 거기에 두시고 공의와 자비의 삶을 살아가게 하셨습니다. 그 나라를 통해 하나님을 보여주고 싶어하셨습니다. 이스라엘을 통해 주님의 이름을 열방에 알리심으로써 그들도 구원받게 하고자 하셨던 것입니다.

이처럼 은혜는 거저 주어졌지만 거기에는 계획이 있었습니다. 바로 이스라엘을 통해 온 땅에 하나님을 알게 하는 것이었습니다. 이 일을 위해 이스라엘은 정의롭고 자비로운 삶을 살아야 했습니다. 이것이 바로 하나님께 바쳐야 할 소작료였습니다.

이것은 이스라엘에게 한정된 이야기가 아닙니다. 지금 이 시대를 살고 있는 우리에 관한 이야기입니다. 우리를 은혜로 구원하심은 그분의 자녀로서 독특한 정체성을 따라 살아가게 하시기 위함입니다. 그리하여 우리를 통해 하나님이 누구신지를 세상에 보여주시기 위함입니다.

신자는 이러한 하나님의 계획을 위해 살아 있습니다. 그 안에서 행복을 누리도록 살아 있는 것입니다. 다른 삶으로는 행복할 수 없으니, 하나님 밖에서 행복해지려는 신자는 한 그릇의 죽을 위해 장자의 명분을 판 에서의 길을 가는 것입니다(창 25:33).

설교자를 보내신 목적

과실이 무르익는 때가 되었습니다. 주인은 소작료를 받기 위해 종들을 보냈습니다. 여기에는 깊은 뜻이 담겨 있습니다.

첫째로, 이것은 설교자를 보내신 목적을 보여줍니다. 그리고 설교자가 누구인지를 보여줍니다. 여기서 '종들'은 구약의 선지자들을 가리킵니다. 하나님은 선지자들을 '나의 종'으로 부르셨습니다(렘 26:5, 슥 1:6). 그것은 그들이 하나님과 사랑으로 연합되었음을 보여줍니다. 또한 그들의 사명이 철저하게 하나님의 뜻과 연관되어 있었음을 말해 줍니다. 그리고 오늘날 설교자들은 바로 선지자들의 후예입니다.

선지자들을 보내신 목적은 당신의 몫을 받으시기 위함이었습니다. "때가 이르매……"(눅 20:10). 주인은 아무 때나 종을 보내지 않았습니다. 수확기가 되었기에 소작료를 요구했던 것입니다.

이스라엘에게는 다른 민족에게는 없는 구원의 계시가 있었습니다. 그들은 선택받은 백성들이었습니다. 하나님의 뜻이 알려졌습니다. 거룩함에 대한 요구도 분명했습니다. 그들은 하나님의 은혜와 자비를 경험했습니다.

이스라엘이 제사드릴 때, 후손을 교육할 때 빠짐없이 행하는 것이 있었습니다. 하나님의 위대한 일들을 회상하는 것이었습니다(신 5:15).

애굽에서의 열 가지 재앙이 더 이상 되풀이되지 않았습니다. 홍해는 다시 갈라지지 않았습니다. 여리고 성은 다시 무너지지 않았고, 요단강도 다시 마르지 아니하였습니다. 그러나 그들은 이전에 행하신 이 위대한 일들을 노래했습니다(사 25:1).

이스라엘은 자신들이 특별히 구별된 민족이라는 사실을 기억했습니다. 하나님 앞에서 살아가야 함을 자각했습니다. 은혜 안에 있는 동안, 의와 공평을 따라 사는 삶은 전혀 힘겹지 않았습니다. 하나님의 백성 삼아 주심에 감사했습니다. 거룩한 삶의 실과를 바침으로써 참으로 행복했습니다.

그리스도인들도 바로 이러한 구원 목적을 위해 존재합니다. 다른 사람들에게는 믿어지지 않는 복음을 믿어지게 하셨습니다. 죄 가운데 방탕한 삶을 살던 자를 구원하여 은혜 안에 살게 하셨습니다. 무엇 때문입니까? 왜 독생자를 못 박혀 죽게 하시기까지 사랑하셨습니까?

우리는 거저 구원받았습니다. 아무것도 보탤 것이 없습니다. 그러나 구원받은 우리에게는 소명이 있습니다. 그것은 우리가 모든 이웃과 함께 창조의 목적대로 살아가는 것입니다. 거기서 하나님께 영광을 돌리는 것입니다.

세상에서 정의를 행하며 인자를 사랑하고 겸손히 하나님과 동행하는 것이 바로 우리의 소작료입니다(미 6:8). 그리스도를 닮은 삶을 사는 것입니다(고전 11:1). 이 소명을 잊고 나면 소작료가 너무나 큰 희생처럼 여겨질 수도 있습니다. 악한 농부들의 마음이 바로 그러했습니다. 그들은 납부해야 할 소작료만 생각했지 포도원 주인에게 받은 은혜는 잊었습니다.

받은 은혜 안에 우리의 소명이 있습니다. 그 소작료는 이미 은혜에 비하면 아무것도 아닙니다.

하나님의 뜻대로 살아가는 우리들이 어두운 세상의 불꽃입니다. 은혜를 맛본 사람이라면 아무렇게나 살 수 없습니다. 하나님의 영광을 위해 불꽃처럼 살고자 하는 열망이 있기 때문입니다. 자신도 그 안에서 행복하기 때문입니다.

불꽃처럼 산다는 것은 특별한 것이 아닙니다. 하나님의 자녀로서의 정체성을 잃지 않고 사는 것입니다. 정의롭고 자비로운 삶을 사는 것입니다. 그리고 이것이 바로 설교자를 보내신 목적입니다.

설교자는 하나님께로부터 보냄을 받은 사람입니다. 그는 빛이 아닙니다. 다만 빛이신 그리스도에 대해 증언하고 그분을 믿게 하기 위해 보냄받은 사람입니다(요 1:6-7).

그에게는 자신을 보호할 호위병도 없고 무기도 없습니다. 고난을 당하면 견디고, 시련이 오면 인내할 뿐입니다. 그를 사로잡고 있는 것은 오직 한 가지입니다. 사람들을 향한 하나님의 음성을 들려주는 것입니다.

죄인을 회개케 하고 불순종하는 사람들을 돌이키도록 보냄받았습니다. 그리하여 그들이 정의롭고 자비로운 삶을 살게 하도록 보냄을 받았습니다. 모두 하나님의 영광을 위해서입니다.

설교자의 소명

어느 목회자가 마음이 잘 맞는 사람들과 교회를 개척했습니다. 정말 아름다운 교회를 만들어 보기로 뜻을 같이하였습니다. 비록 교인 수는 적었지만 힘을 합쳐 예배 장소까지 분양받았습니다.

그는 제게 말했습니다. "제가 개척해서 6년간 목회하는 동안 꿈만 같았습니다. 개척할 뜻이 없던 친구들이 저를 보고 교회 개척을 꿈꿀 정도였습니다."

그 말은 사실이었습니다. 교인들과 갈등 없이 즐겁고 기쁘게 목회했습니다. 주일이면 온 교인이 교회에서 시간을 보냈습니다. 오전에는 예배드리고, 함께 점심을 먹은 후 오후에는 체육복으로 갈아입고 팀을 나누어 테니스 치고 볼링도 하고 배드민턴을 치고 배구도 하였습니다. 저녁에는 씻고 모여 저녁을 먹고 저녁예배도 드렸습니다.

그야말로 가정 같은 교회를 꾸려 갔습니다. 그리고 그것이 자기들이 꿈꾸던 교회라고 자부했습니다.

어느 날 이 목회자의 심령에 변화가 일어났습니다. 말씀을 통하여 각성하게 되었습니다. 복음으로 변화되었습니다. 그러자 새로운 확신이 생겼습니다. 그것은 자신이 목회하는 교회가 성경적인 교회가 아니라는 것이었습니다.

영적으로 변화받으면서 피 묻은 복음을 설교하기 시작했습니다. 그러자 돈독했던 교인들과의 인간관계에 금이 가기 시작했습니다. 그는 영적 변화 가운데 기도하면서 깨달았습니다. 그는 제게 이렇게 말했습니다. "사람들이 교회에 열심히 나오고 있었습니다. 그러나 예수님 때문에 나오는 것이 아니라 즐거운 인간관계 때문에 나오고 있었습니다. 예배는 드리고 있었지만 회심은 전혀 없었습니다."

목양 현장에서 느끼는 만족이 반드시 옳은 것은 아닙니다. 이상적인 교회는 가정 같은 교회가 아니라 하나님 나라 같은 교회입니다. 그리고 설교자들은 이 일을 위해서 하나님의 말씀을 전하는 것입니다.

설교자의 소명은 목회적인 필요에서 온 것이 아닙니다. 목회 현장이 설교의 소명에 의하여 이루어진 것입니다. 천국 소명에 불붙여진 설교자가 있으면 교회가 세워집니다. 그는 성도들이 아니라 하나님께 매인 사람입니다. 하나님 때문에 교회에 매인 사람이고, 그리스도 때문에 교회와 만난 사람입니다.

설교자는 그리스도의 사랑을 알고 부르심에 붙잡힌 사람이어야 합니다. 십자가와 부활 사건이 주는 의미에 사로잡힌 사람이어야 합니다. 그래야 설교다운 설교를 할 수 있습니다. 그는 하나님의 뜻을 선포하도록 소명에 붙잡혀 있어야 합니다. 스스로 정의와 자비의 삶을 살면서 다른 사람들도 그렇게 살게 하도록 보냄받은 사람입니다. 이러한 소명 때문에 설교하는 사람이 바로 설교자입니다.

때로는 하나님의 뜻을 선포하기 위해 사람들과의 관계를 등져야 할 때도 있습니다. 그를 설교자로 부르신 이가 오직 하나님이시기 때문입니다.

선지자들이 왜 그렇게 고난을 받았습니까? 바로 소명에 충실한 삶을 살다가 겪은 것이 아닙니까? 그들은 이스라엘에게 정의롭고 자비로운 삶을 요구했습니다. 불순종할 때 임할 하나님의 준엄한 심판을 경고했습니다. 하나님 사랑으로 그 뜻을 전하였습니다. 백성들을 사랑하는 마음으로 하나님께 돌아오도록 당부했습니다. 그리고 자신은 바로 그 일 때문에 그들에게 버림을 받고 죽임을 당해야 했습니다(마 23:35).

설교자는 자기의 말이 아니라 하나님의 음성을 들려줄 수 있어야 합니다. 그렇지 않다면 설교자가 아닙니다. 설교자는 무엇보다도 하나님의 사람이어야 합니다.

설교자는 자신이 먼저 하나님 앞에서 정의롭고 자비로운 삶을 살아가기를 기뻐해야 합니다. 또한 세상 모든 사람이 그렇게 살아서 주님께 영광 돌리기를 꿈꿔야 합니다. 구약 시대에는 선지자들을 통해서 이 일을 이루셨고 신약 시대에는 사도들을 통해서 이 일을 하셨습니다. 오늘날에는 설교자들을 통해서 하십니다.

목회자의 가장 중요한 직무가 무엇입니까? 목회자는 많은 일들에 둘러싸여 있습니다. 기도, 상담, 심방, 교육, 구제, 선교, 행정, 교회 정치, 사회 봉사 등 많은 일에 종사해야 합니다. 그러나 가장 우선적인 사명은 기도와 설교입니다(행 6:4). 기도는 개인적인 사역이고 설교는 공적인 사역입니다.

목회자는 하나님의 말씀을 선포하기 위하여 보냄받은 사람입니다. 설교를 통해 하나님이 무엇을 요구하시는지를 분명히 보여줘야 합니다. 그것을 잘하면 거의 다 잘하는 것이고, 그것을 못하면 거의 다 못하는 것입니다.

설교자는 교인의 입맛을 생각하는 요리사가 아닙니다. 오히려 그들의 치명적 질병을 고치는 의사입니다. 그들을 수술해서 고치려고 말씀을 전하는 것입니다. 그래서 설교자에게는 독수리 눈 같은 지성과 사자의 심장 같은 담대함과 여인의 손길 같은 기술이 필요합니다. 이것으로써 선포하는 말씀을 통해 예배자들을 하나님과 만나게 해주어야 합니다.

말씀에 사로잡힌 설교자 없이 진리 안에서 예배드릴 수 있을까요? 예배다운 예배를 위해 말씀을 올바르고 능력 있게 전해

줄 설교자가 필요합니다. 그리고 예배자와 설교자들로 하여금 하나님을 만나게 해주시는 성령의 역사가 필요합니다. 예배자는 이 일을 위해 간절히 기도해야 합니다.

하나님의 놀라운 사랑

둘째로, 이것은 하나님의 놀라운 사랑을 보여줍니다. 주인은 세 명의 종을 보냈습니다. 한 종을 보내자 농부들이 심히 때렸습니다. 두 번째 종을 보내자 그도 심히 때리고 능욕하고 거저 보내었습니다. 세 번째 종은 상하게 하고 내어 쫓았습니다(눅 20:10-11). 같은 비유가 실린 마태복음에서는 더 많은 종들이 소작료를 받기 위하여 보냄받은 것으로 나타납니다.

> 다시 다른 종들을 처음보다 많이 보내니 그들에게도 그렇게 하였는지라(마 21:36).

어느 날 밤 본문을 읽다가 의문이 들었습니다. 저의 눈길을 사로잡은 것은 종들이었습니다. 그들은 주인의 명령에 순종했습니다. 소작료를 받으러 포도원에 갔습니다. 그러나 그들은 부당한 대우를 받았고, 혹은 참혹하게 죽었습니다. 그들은 구약의 선지자들이었고, 오늘날의 설교자들입니다. 하나님께 항의하는 마음이 들었습니다.

주인은 그 일을 충성스러운 종들에게 맡겼을 것입니다. 주인을 사랑하는 종들을 보냈을 것입니다. 그들은 자기 기쁨을 위해서 가지 않았습니다. 주인을 기쁘게 하는 일에 최선을 다했습니다. 진심으로 주인을 공경하던 사람들이었습니다. 주인을 위해 봉사하는 것을 천직으로 알던 사람들이었습니다.

그들 중 한 종이 소작료를 받으러 보냄을 받았습니다. 그러나 아무것도 받지 못하고 피투성이가 되어서 돌아왔습니다. 그렇게 충성스러운 종이 다쳐서 돌아왔다면 주인은 군대를 이끌고 가서 농부들을 혼내 줘야 할 것이 아닙니까? 그래야만 다른 종들이 주인에게 충성할 수 있지 않겠습니까?

그러나 주인은 호위병도 무기도 주지 않았습니다. 또 다른 종을 보냈습니다. 그는 단지 주인의 메시지만 가지고 떠났습니다. 그리고 그도 피 흘리며 돌아오자 주인은 또 한 종을 다시 보냈습니다. 잠시 후 그 종은 시체가 되어 돌아왔습니다.

그런데도 주인은 또 다른 종들을 보냈습니다. 아무런 대책도 없이 말입니다. 도대체 주인은 얼마나 많은 종들의 피를 허비하려고 하는 것일까요?

이 비유에서 주인은 하나님을 가리킵니다. 저는 이 대목에서 마음이 걸렸습니다. 하나님의 그러한 행동은 평소에 알고 있던 하나님의 성품에 관한 지식과 조화시킬 수 없었습니다. 결국 사랑하는 아들을 보냈으나 그도 죽임을 당했습니다.

> 포도원 주인이 이르되 어찌할까 내 사랑하는 아들을 보내리니 그들이 혹 그는 존대하리라 하였더니 농부들이 그를 보고 서로 의논하여 이르되 이는 상속자니 죽이고 그 유산을 우리의 것으로 만들자 하고 포도원 밖에 내쫓아 죽였느니라……(눅 20:13-15).

아들은 그리스도를 가리킵니다. 아들이 죽으신 것은 이해가 되었습니다. 왜냐하면 하나님의 아들이 대속제물로 죽으셔야 구원 사역이 성취될 것이기 때문입니다. 그런데 그 많은 종들, 선지자들은 왜 죽어야 했을까요?

깊은 고민에 싸였습니다. 그러다 어느 순간 깨닫게 되었습니다. 하나님의 마음이 제게 전해졌습니다. 우리를 향한 하나님의 가슴 저미는 사랑이었습니다. 많은 선지자들의 죽음은 그들을 부당하게 대우하시는 하나님이 아니라 세상을 이처럼 사랑하시는 하나님의 마음을 보여주는 것이었습니다. 그 마음이 저를 설교자로 부르셨다는 사실을 알았습니다.

하나님이 세상을 이처럼 사랑하사 독생자를 주셨으니 이는 그를 믿는 자마다 멸망하지 않고 영생을 얻게 하려 하심이라(요 3:16).

그 깨달음은 단쇠로 심장을 지지는 것처럼 제 마음에 깊이 새겨졌습니다. 그 불붙는 사랑을 아는 순간 깨달았습니다. 그렇게 죽어 간 선지자들의 희생에 대하여 말하는 것이 얼마나 쓸데없는 질문인지를 말입니다.

아, 사랑 때문이었습니다. 하나님이 우리를 너무나 사랑하셨기 때문입니다. 종들은 매 맞고 능욕을 당하고 죽임을 당했습니다. 그럼에도 불구하고 그들을 계속해서 보내신 것은 죄인들에게 당신의 음성을 들려주고 싶으셨기 때문입니다. 그들을 구원하시기 위함이었습니다.

설교자가 받을 상급

셋째로, 이것은 설교자의 상급을 말해 줍니다. 그것은 또 하나의 진리였습니다. 설교자로서의 섬김은 너무나 거룩하기에 그 최종적인 상급은 하늘나라에서 주어진다는 사실이었습니다. 세상이나 세상에 있는 것들로 보상해 주기에는 설교자의 섬김은 너무나 고귀한 것이기 때문입니다. 세상에서는 고난을 받으나 하늘에서는 상급을 받습니다.

하나님은 하늘나라에서 기다리고 계십니다. 그들의 영광스러운 귀환과 함께 상급을 예비하십니다. 이는 진리를 설교한다는 이유로 죽임을 당한 스데반이 말했던 바와 같습니다.

> 스데반이 성령 충만하여 하늘을 우러러 주목하여 하나님의 영광과 및 예수께서 하나님 우편에 서신 것을 보고 말하되 보라 하늘이 열리고 인자가 하나님 우편에 서신 것을 보노라 한대(행 7:55-56).

하나님은 충성스러운 종들을 사랑하십니다. 그러나 죄 가운데 살아가고 있는 백성들도 사랑하십니다. 그 사랑이 선지자들을 보내게 했고, 아들을 죽게 하였습니다. 어찌하든지 그들을 하나님 사랑으로 돌아오게 하시기 위함이었습니다.

하나님의 불붙는 사랑

우리는 잊지 말아야 합니다. 세상 사람들을 당신의 품으로 부르시는 하나님의 간절한 사랑을 기억해야 합니다.

하나님은 주로 설교를 통해서 그 일을 하십니다. 설교를 듣는 사람은 두 가지를 기억해야 합니다. 첫째로는, 설교를 들을 때에 하나님이 무엇을 원하시는지를 아는 것입니다(미 6:8). 그리고 둘째로는, 나를 향한 하나님의 불붙는 사랑을 깨닫는 것입니다(호 11:8). 설교를 통해 하나님의 뜻을 알 뿐 아니라 그분을 사랑하게 되어야 합니다.

무엇을 요구하시든지 거기에 하나님의 사랑이 있습니다. 수많은 종들을 죽게 하시고 심지어는 당신의 외아들까지 죽게 하시기까지 우리를 부르시는 사랑입니다. 그 사랑을 몰랐기에, 이제껏 자기를 사랑하고 세상을 사랑하면서 살았습니다. 마치 하나님 사랑 없이 살 수 있는 것처럼 살았습니다. 그러므로 이제는 죄인을 불러 구원하시는 사랑을 알아야 합니다.

예배를 통해 남이 알지 못한 사랑을 알고 그 힘으로 하나님을 사랑하며 살아야 합니다. 이것이 바로 하나님께 드려야 할 열매입니다.

사람들은 이해할 수 없네,
주를 보낸 하나님 사랑.
그 사랑이 나를 살게 하네,
갈보리의 구속의 사랑.

예배를 통해서 십자가와 마주해야 합니다. 설교를 통해 예수 그리스도를 만날 수 있어야 합니다. 그분이 뿌리신 핏길을 걸어서 하나님의 보좌 앞으로 나아갈 수 있어야 합니다.

> 그 길은 우리를 위하여 휘장 가운데로 열어 놓으신 새로운 살 길이요 휘장은 곧 그의 육체니라(히 10:20).

자신이 단지 죄인이었음을 깨닫게 되어야 합니다. 다시 한 번 그분의 보혈에 불결한 마음을 씻어야 합니다. 주님을 만나고 보혈의 능력을 회복하는 기쁨을 누려야 합니다.

맺음말

우리가 하나님의 사랑을 알지 못했더라면 어떻게 살았을까요? 예배를 통해 하나님을 만나지 못했더라면 어떻게 시련을 이길 수 있었을까요?

하늘을 향하여 심령이 열리게 하는 설교가 없었더라면, 우리는 여전히 돌 같은 마음으로 살아가야 했을 것입니다. 어쩌면 광야와 같은 세상에서 이미 기진하여 쓰러졌을지도 모릅니다.

예배 시간은 하나님의 성품을 깨닫는 시간입니다. 그분의 사랑을 경험하는 시간입니다. 세상에서는 잠시 환난과 시련을 당하지만, 예배 속에서 그것을 이길 힘을 얻습니다. 설교를 통해 사라질 이 땅의 영화 대신 영원한 하늘의 영광을 고대할 수 있는 마음을 가져야 합니다.

이 일을 위해 은혜를 받아야 합니다. 말씀을 듣고 깨달아야 합니다. 그래야 하나님 마음을 알 수 있고, 말씀대로 살 수 있습니다.

설교자는 이 일을 위해 부름받은 사람입니다. 하나님의 마음을 보여주기 위해 부름받은 이가 바로 설교자입니다. 그래서 하나님을 만나는 예배는 불꽃 같은 설교자를 필요로 합니다.

헌금은 경제 수준보다는 은혜 생활과 관련이 있습니다. 마게도냐 교회가 이것을 입증합니다. 인색한 헌금 생활은 자기만을 사랑하는 이기심 때문입니다. 하나님의 은혜로 살아간다는 신앙 고백이 없기 때문입니다.

제6장. 예배와 헌금

모든 것을 드린 예배입니까?

"형제들아 하나님께서 마게도냐 교회들에게 주신 은혜를
우리가 너희에게 알리노니"
고린도후서 8장 1절

어느 목회자가 교인들의 헌금 생활을 보며 통탄했습니다. 평신도로서 최고의 직분을 받은 교인이 절기 헌금을 3,000원을 하더라는 것입니다. 가난하면 그럴 수도 있지 않느냐고 제가 반문했더니, 이렇게 말했습니다. "목사님, 그분은 두 채의 빌딩과 일곱 개의 상가를 가진 사업가입니다."

신자가 영적으로 잠들 때 깨어나는 것이 있습니다. 바로 물질에 대한 탐심입니다. 자기만을 위하려는 마음입니다. 그것은 그의 인격에까지 영향을 미칩니다. 하나님보다 세상을 위해 살게 합니다.

엄밀하게 말하자면, 그는 세상을 위해 사는 게 아닙니다. 그 물질을 누리며 만족할 자신을 위해 사는 것입니다. 그런 사람들의 영혼이 자유로울 리가 없습니다.

넘치도록 헌금한 마게도냐 교회

예루살렘에 큰 흉년이 들었습니다. 그곳에 살던 유대인 그리스도인들이 많은 고통을 당했습니다. 이때 다른 곳에 있던 교회들이 십시일반으로 모금을 해서 그들을 도왔습니다.

바울은 고린도 교회에게 헌금에 관해 말하면서, 가난한 마게도냐 교회에 베푸신 하나님의 은혜를 간증하였습니다. 이는 고린도 교회 교인들의 신앙을 일깨우기 위함이었습니다. "형제들아 하나님께서 마게도냐 교회들에게 주신 은혜를 우리가 너희에게 알리노니"(고후 8:1).

재난을 당한 형제들을 위해 마게도냐 교회는 많은 헌금을 했습니다. 사실은 그럴 수 있는 형편이 아니었습니다. 가난하고 환난의 많은 시련을 겪은 교회였기 때문입니다.

바울은 여러 교회를 개척하였고 일꾼들도 세웠습니다. 어느 교회의 이름을 말하면 느껴지는 우선적인 인상이 있었을 것입니다. 가난한 마게도냐 교회를 생각할 때마다 바울의 마음에 떠오르는 것은 환난과 많은 시련이었습니다. "환난의 많은 시련 가운데서……"(고후 8:2).

마게도냐는 그리스 북부 지역입니다. 당시 가혹한 징세와 기독교에 대한 박해로 널리 알려져 있었다고 합니다. 아마도 본문에서 말하는 환난과 시련이 그런 정치적이고 종교적인 박해였던 것 같습니다.

시련을 당해도 부유한 교인들이 많이 있다면 헌금할 수 있었을 것입니다. 그러나 마게도냐 교회는 극심하게 가난한 교회였습니다. 오늘날 달동네에 사는 사람들의 손때 묻은 헌금으로 운영되는 교회와도 같았습니다.

그럼에도 불구하고, 가난한 마게도냐 교회는 예루살렘 교회를 돕는 일에 넘치도록 헌금하였습니다. 부자인 고린도 교회를 부끄럽게 할 정도로 넘치는 헌금을 했습니다. 그들이 그렇게 헌신할 수 있었던 것은 돈이 많았기 때문이 아닙니다. 돈 많은 교회는 오히려 항구 도시에 위치한 고린도 교회였습니다. 그러면 무엇이 그들로 하여금 그토록 넘치도록 헌신하게 했을까요?

환난의 많은 시련 가운데서 그들의 넘치는 기쁨과 극심한 가난이 그들의 풍성한 연보를 넘치도록 하게 하였느니라(고후 8:2).

헌금의 비결, 기쁨

마게도냐 교회는 환난과 시련, 극심한 가난 속에서 고통받는 교회였습니다. 그러나 넘치는 헌금으로 하나님을 기쁘시게 할 수 있었습니다. 무엇이 그것을 가능하게 했습니까?

그 비결은 '넘치는 기쁨'이었습니다(고후 8:2). 고난과 시련을 많이 당했지만, 그들에게는 그것들보다 더 큰 기쁨이 있었습니다. 영적 기쁨이었습니다. 그래서 극심한 가난 속에서도 넘치도록 드릴 수 있었습니다.

신령한 기쁨이 가능하게 하였습니다. 시련보다도 더 큰 사랑이 있었습니다. 환난을 능가하는 기쁨이 있었습니다. 그 기쁨이 하나님을 넘치도록 섬기게 하였습니다. 최선의 것을 하나님께 드리게 하였습니다.

세상은 우리의 믿음 생활을 도와주지 않습니다. 재산이 아니라 은혜가 헌금하게 합니다. 마게도냐 교회를 통해 얻는 교훈은 이것입니다. "은혜의 기쁨이 있으면 넘치도록 헌금할 수 있다."

바울은 마게도냐 교회를 향해 감사하며 고린도 교회에 이렇게 타이르고 있는 것입니다. "고린도 교회여, 너희가 마게도냐 교회처럼 많은 시련과 환난을 당했느냐? 평안함에도 불구하고 너희 속에는 은혜의 기쁨이 없구나. 은혜받은 마게도냐 교회를 보라. 환난과 시련의 폭풍이 여러 차례 덮쳤다. 그럼에도 너희에게 없는 것이 그들에게 있었으니, 바로 넘치는 기쁨이었다. 그리고 그 기쁨이 불쌍한 예루살렘 교회를 위해 많은 헌금을 바치게 하였다. 너희도 본받아야 하지 않겠느냐?"

이런 교회가 되어야 합니다. 가난한 성도들이 모여 살아도 기쁨이 있는 교회가 되어야 합니다. 많이 배우지 못한 교인들이 모였을지라도 하나님을 즐거워하는 교회가 되어야 합니다. 하나님 때문에 행복해 하는 성도들이 모인 교회가 되어야 합니다. 이런 교회에는 언제나 넘치는 헌신이 있습니다.

우리는 하나님께로부터 받은 은혜와 사랑을 예배 속에서 표현합니다. 경배와 감사를 드립니다. 하나님 앞에 찬양을 드리고 마음을 바칩니다. 하나님의 사랑을 알고 그분의 뜻대로 살아가야겠다고 결심합니다. 그것을 헌금으로 표현하면서 말입니다.

인생 전체가 하나님 앞에 드려지는 본보기로서 헌금하는 것입니다. 여기에는 물질이 아니라 하나님을 의지하며 산다는 신앙고백이 들어 있습니다.

삶을 농축한 재물

헌금하는 것이나 헌금을 위해 축복하는 것이 세속적이라고 생각하는 사람들이 있습니다. 그러나 그들은 잘못 생각하고 있습니다. 헌금의 의미를 몰라서 하는 말입니다.

재물은 그것을 정당한 방법으로 번 사람들에게는 인생을 농축한 것과 다름없습니다. 그 재물 속에 하나님이 주신 직업의 기회를 선용한 땀과 노력이 들어 있습니다. 세상에 있는 것들 중 그것만큼 하나님 앞에 자신의 마음을 농축해서 바칠 수 있는 것도 흔치 않습니다.

교회는 도박을 하거나 뇌물을 받아서 모은 돈을 헌금으로 받지 않습니다. 이렇게 부정하게 취득한 돈에 관해서는 헌금을 고민할 필요가 없습니다. 소득 자체를 하나님이 인정하시지 않기 때문입니다. 그런 식으로 돈을 손에 넣는 사람들은 그 돈과 함께 망할 것입니다(행 5:5).

신앙을 따라 살며 번 재물을 기쁘게 받으십니다. 그 돈은 깨끗한 것이요, 땀이고 눈물입니다. 그래서 헌금 순서는 예배에서 아름답고 고상한 것입니다.

헌금에 대해서 설교를 하면 성도들이 시험에 들 것이라고 생각합니다. 그들이 싫어할 것이라고 생각합니다. 그렇지 않습니다. 물론 설교자가 돈을 위해서 설교한다면 그렇게 될 것입니다. 그러나 복음을 설교한다면 은혜를 받을 것입니다. 교인들을 구두쇠로 보지 마십시오. 그들에게는 복음을 들을 귀가 있습니다. 목회자는 복음으로 헌금의 의무를 설교해야 합니다.

어느 목사님이 담임 목회자가 공석 중인 교회에서 설교하도록 초빙되었습니다. 임시 설교자로 간 목사님은 6개월 동안 헌금에 대해서만 설교하였습니다. 이례적인 일이었습니다. 그래서 교인들 출석이 줄어들었을까요? 아닙니다. 그 기간 동안 출석 성도가 더 늘었습니다.

저도 비슷한 상황을 경험하였습니다. 두 주에 걸쳐 헌금을 설교했습니다. 다른 때는 설교에 별로 감동받지 않던 교인들 중 여러 사람이 헌금 설교를 들으며 흐느꼈습니다. 돈 내라는 논리가 아니라 복음에 감격했기 때문입니다. 자신들의 잘못된 헌금 생활을 하나님 앞에서 뉘우쳤습니다. 그해 연말에 가장 은혜롭던 설교가 무엇인가에 대해 투표를 한 적이 있는데, 헌금 설교가 순위 안에 들었습니다.

목회자가 돈에 대한 욕망을 가지고 설교한다면 나쁜 결과를 가져옵니다. 설교자의 관심은 돈이 아니라 성도들의 영혼을 바르게 세우는 일이어야 합니다. 그들의 인격과 생활이 그리스도를 드러

내게끔 설교해야 합니다. 그것은 하나님과의 관계 회복과 영적 기쁨을 가져올 것입니다.

교회는 교인들이 내는 헌금의 액수가 중요하지 않습니다. 그 돈은 정말 깨끗하고, 최선의 것을 드린 것이어야 합니다. 그래야만 하나님이 받으실 만한 것이 되지 않겠습니까?

은혜로 산다는 고백

죄인인 한 여자가 예수님께 향유를 부어 드렸습니다. 식사하시는 예수님께 다가와 옥합을 깨뜨려 거기에 든 향유를 모두 부었습니다(마 26:6-13). 요즘 물가로 계산하면 약 5천만 원어치쯤 되는 것이었습니다. 그것을 부었을 때, 그녀는 자신의 지난날의 인생도 드린 것이었습니다.

예수님을 청한 바리새인은 그녀에 대해 좋지 않게 말했습니다. "……자기를 만지는 이 여자가 누구며 어떠한 자 곧 죄인인 줄을 알았으리라 하거늘"(눅 7:39). 그녀는 '많은 죄'를 지었고, 어쩌면 창녀였을 수도 있습니다(마 21:31-32).[15]

---

15) D. A. 카슨 편, 『성경신학 스터디 바이블』(서울: 복있는사람, 2021), 1996.

부끄러운 직업에 종사하면서 물질을 모으는 재미로 살아왔는지도 모릅니다. 또는 그렇게 모은 재물로 새로운 인생을 출발하고 싶었을지도 모릅니다.

그러다 예수 그리스도를 만나게 되었습니다. 전에는 그분을 몰랐습니다. 이제 그분을 만나 죄를 용서받았습니다. 하나님의 사랑을 깨닫게 되었습니다. 무한한 사랑을 알게 되었습니다. 물질로 위로받을 수 없던 영혼이 사랑으로 어루만져졌습니다. 외롭고 고달프게 살아왔을 여인을 예수님은 너무나 사랑하셨습니다. 그 사랑이 여인을 감동시켰습니다.

그때 어떤 일이 일어났습니까? 그렇게 소중히 여기던 재물을 식사하시는 예수님께 모두 부어 버렸습니다.

그녀의 삶의 가치가 변했음을 보여줍니다. 사랑의 대상이 바뀐 것입니다. 이제껏 자기를 위해 세상을 사랑했으나 이제는 예수 그리스도를 사랑하게 된 것입니다.

헌금은 이런 고백과 함께 드려져야 합니다. "하나님, 이 세상을 살아가고 있으나 제가 살아가는 것은 세상이나 세상에 있는 것들이 아니라 주님의 은혜 때문이옵나이다."

이것이 헌금의 중요한 정신입니다. 그것은 물질로 사는 것이 아니라 은혜로 산다는 고백입니다. 물질 덕분에 살고 있다고 생각한다면 헌금 생활은 인색할 것입니다. 충분한 돈이 필요하기 때문입니다. 그러나 은혜로 산다고 고백할 수 있으면 풍성한 헌금 생활을 할 것입니다.

마게도냐 교회는 환난과 많은 시련, 극심한 가난 속에 있었습니다. 그러나 이웃이 어려움을 당할 때 넘치도록 헌금했습니다. 이제껏 물질이 아니라 하나님 은혜를 의지하며 살아왔음을 보여주는 것입니다.

우리가 물질로 살아왔으나 물질 때문에 살아온 것은 아닙니다. 구속하신 은혜를 힘입어 살아왔습니다. 환난과 시련을 많이 겪었으나, 거기서 건져 주신 사랑 때문에 살았습니다.

결핍 속에서도 우리를 고아와 같이 내버려 두지 않으셨습니다(요 14:18). 풍성한 헌금은 지금 자비로우신 하나님의 은혜로 살아가고 있음을 고백하는 것입니다.

모든 것이 다 주님의 것입니다. 모든 것이 다 하나님의 손안에 있습니다(시 50:7-12). 하나님이 무엇이 아쉬워서 우리의 헌금을 받으려고 하시겠습니까?

다만 헌금을 통해서 확인하고 싶어하시는 것이 있습니다. 그것은 우리가 재물이 아니라 하나님을 의지하며 살아간다는 것입니다.

하나님께 드리는 헌금

목회자는 교인들이 순수한 동기에서 헌금하도록 가르쳐야 합니다. 외식하지 않게 해야 합니다. 사람이 아니라 하나님을 의식하며 헌금하게 해야 합니다. 올바른 정신으로 헌금하게 해야 합니다. 헌금한 사람은 드릴 수 있도록 은혜를 주신 하나님을 찬송해야 합니다. 헌금을 받은 교회도 헌금한 사람이 아니라 하나님을 찬송해야 합니다.

어떤 사람들은 자기들이 낸 돈으로 교회가 운영된다고 생각합니다. 자기들이 모은 돈으로 목회자와 직원들이 월급을 받는다고 생각하는 것입니다. 그러나 그렇지 않습니다. 그것은 헌금의 원리를 모르는 것입니다.

성도들이 헌금할 때, 그것은 하나님께 바치는 것입니다. 그리고 목회자와 직원들은 하나님께로부터 생활비를 받는 것입니다. 만약 그렇게 생각하지 않고 바치는 헌금이라면, 그것은 바칠 때부터 헌금이 아니라 회비입니다.

헌금으로 바쳐진 순간, 그것은 성도들의 돈이 아닙니다. 그것은 하늘 창고로 들어갑니다. 하나님의 것입니다. 그리고 하나님은 거기서 교회에 베풀어 주십니다.

이것을 모르는 사람은 기독교 신앙을 잘 모르는 것입니다. 하나님 사랑과 기쁨이 헌금의 동기가 되어야 합니다. 하나님 앞에 최선의 것을 바치며 살아야 합니다. 그렇게 경외하는 사람들에게는 언제나 부족한 것이 없습니다.

자신을 위해서는 풍족한 삶을 살면서도 헌금에 인색한 사람이 되지 마십시오. 은혜에서 멀어질 뿐입니다. 하나님의 사랑 때문에 살아왔고 또 살아가리라고 확신하십시오.

넘치게 헌금하십시오. 은혜는 삶을 바꾸어 놓습니다. 물질보다 은혜를 사모하십시오. 그리고 지금까지 어떻게 살아올 수 있었는지 생각해 보십시오.

이제껏 내가 산 것도 주님의 은혜라.
또 나를 장차 본향에 인도해 주시리.

무엇이 살아오게 하였습니까? 은혜였습니까, 물질이었습니까? 주님의 도우심이었습니까, 자신의 능력이었습니까? 이제껏 산 것도 주님의 은혜였고 앞으로도 그 은혜에 빚지며 살아갈 수밖에 없음을 기억하십시오.

헌금 생활의 세 가지 원칙

그러면 도대체 얼마나 헌금을 해야 할까요? 얼마큼의 액수가 주님을 기쁘시게 하는 헌금일까요?

성경은 금액에 대해서는 말하지 않습니다. 그것은 산술적으로 측정할 수 있는 것이 아닙니다. 어떤 사람에게는 1,000원도 크고 어떤 사람들에게는 100만 원도 적은 돈일 수 있습니다. 성경은 그 원칙을 제시합니다.

> ……그들이 힘대로 할 뿐 아니라 힘에 지나도록 자원하여 이 은혜와 성도 섬기는 일에 참여함에 대하여 우리에게 간절히 구하니 우리가 바라던 것뿐 아니라 그들이 먼저 자신을 주께 드리고 또 하나님의 뜻을 따라 우리에게 주었도다(고후 8:3-5).

여기서 마게도냐 교회의 헌금에 대한 사도 바울의 평가를 통해 우리는 세 가지 실천 원칙을 발견하게 됩니다.

그 세 가지 원칙은 다음과 같습니다. 첫째로, 힘대로 혹은 힘에 지나도록 하라. 둘째로, 자원하는 마음으로 드리라. 셋째로, 자신을 먼저 드리라.

힘대로 또는 힘에 지나도록

첫째로, 힘대로 혹은 힘에 지나도록 하는 것입니다. 마게도냐 교회의 헌금은 액수에 있어서 힘대로 할 뿐 아니라 힘에 지나도록 한 헌금이었습니다. 여러분은 어떻게 헌금하고 있습니까?

주일 헌금은 푼돈을 내는 헌금이라고 생각하지 마십시오. 주일 헌금을 얼마나 즉흥적으로 하고 있는지 생각해 보십시오. 다른 헌금들은 모두 봉투에 넣어 드립니다. 그런데 주일 헌금은 대체로 액수가 정해져 있지 않습니다. 그냥 호주머니에 손을 집어넣고 잡히는 대로 헌금하는 사람들이 적지 않습니다. 지갑을 열고 고액권이 나오면 제쳐 놓고 이리저리 푼돈을 찾느라 분주합니다.

이것은 잘못된 것입니다. 액수의 많고 적음을 말하는 것이 아닙니다. 헌금의 정신이 반영되어 있지 않다는 것입니다.

매년 12월에 1년간 하나님 앞에 바칠 주일 헌금의 액수를 미리 정하십시오. 얼마로 할지는 각자가 정하십시오.

그런데 그 액수는 다음과 같은 기준을 따라야 합니다. 액수가 너무 적어서 전혀 부담을 주지 않는 금액보다는 많아야 합니다. 또한 액수가 너무 커서 예배드리는 것이 부담스럽게 느껴질 정도보다는 적은 금액이어야 합니다.

신경 쓰지 않고도 마련할 수 있는 액수보다는 많아야 합니다. 신경을 써도 준비할 수 없는 액수보다는 적게 작정해야 합니다. 그리고 그 작정을 따라 1년 동안 매 주일 정성껏 미리 준비해서 바치는 것입니다. 이러한 헌금이야말로 하나님 앞에 먼저 자신의 마음을 드리는 것입니다.

십일조는 이미 금액이 정해져 있고 감사 헌금도 형편에 따라 액수가 다를 것입니다. 십일조를 바치는 것도, 시시때때로 감사 헌금을 하는 것도 쉽지 않습니다. 그러나 원칙은 모두 동일합니다. 힘대로 혹은 힘에 지나도록 해야 합니다.

무리하게 빚을 내서 헌금하는 것은 바람직하지 않습니다. 그보다 나쁜 것은 도무지 힘대로 하지 않는 것입니다. 준비하지도 않은 채 헌금을 하는 것입니다.

자원하는 마음으로

둘째로, 자원하는 마음으로 드리는 것입니다. 바울은 말합니다. "이 은혜와 성도 섬기는 일에 참여함에 대하여 우리에게 간절히 구하니"(고후 8:4). 마게도냐 교인들은 할당받은 회비를 납부하는 마음으로 헌금하지 않았습니다. 그들은 가난하였습니다. 그럼에도 불구하고 자원하는 마음으로 헌금하였습니다. 자기들도 예루살렘 교회를 돕는 일에 함께할 수 있게 해 달라고 간청하였습니다.

그들의 헌금은 누군가의 강요에 의한 것이 아니었습니다. 체면치레를 위해서 바친 것도 아니었습니다. 마음에서 우러나서 드린 헌금이었습니다.

언제나 하나님만을 의식하고 바치는 헌금이 되어야 합니다. 잘못된 헌금 생활, 헌신이 전혀 없는 물질 생활이 문제입니다. 잘못된 방법으로 헌금하지 말아야 합니다. 성도로서 헌금의 의무에 대해 인식해야 합니다.

교회는 교인들에게 물질적 섬김에 대한 부르심을 알게 하고 자원하는 마음으로 바치게 해야 합니다. 마음이 없는 헌금이나 헌금이 없는 마음 모두 최선의 것이 아닙니다.

자신을 드리며

셋째로, 먼저 자신을 드리는 것입니다. 마게도냐 교인들의 헌금은 자신을 먼저 하나님께 드린 헌금이었습니다. "……그들이 먼저 자신을 주께 드리고……"(고후 8:5).

하나님 앞에 자신을 먼저 드린 사람은 헌금을 바치는 것이 어렵지 않습니다. 그들은 풍성한 헌금을 하면서도 보잘것없는 헌금이라고 생각할 것입니다.

결국 헌금 생활이 풍성하지 못한 것은 자신을 하나님 앞에 바치지 못했기 때문입니다.

사랑이 무엇입니까? 그것은 무엇이든 주고 싶어하는 것입니다. 이것이 없으면 사랑이 아닙니다. 마다하여도 주고 싶고 달라고 하지 않아도 더 주고 싶어하는 것이 사랑입니다.

자신을 하나님께 드린 사람에게 가장 큰 고통은 바칠 것이 없는 것입니다. 탐욕은 나만을 위해서 살게 하고, 사랑은 하나님과 이웃을 위해 살게 합니다.

예배 가운데 한 지체가 한없이 은혜를 받고 있었습니다. 그리스도의 사랑에 빚진 자로서 불꽃처럼 살고 싶어했습니다. 하나님을 기쁘시게 하며 살기를 소원했습니다. 예배 시간마다 눈물을 흘렸습니다.

집회 마지막 날 결코 많아 보이지 않는 헌금 봉투가 강대 위에 올라와 있는 것을 보았습니다. 봉투 아랫부분에는 그의 이름이 적혀 있었고 한가운데에는 큰 글씨로 이렇게 쓰여 있었습니다. "내 모든 것 주의 소유 삼으소서."

우리를 위해 그리스도께서 자신을 주신 것을 생각해 보십시오. 허물과 죄에서 건지기 위해 지불하신 대가를 생각해 보십시오.

우리의 구속을 위해서 자신을 바치셨습니다(갈 1:4, 딤전 2:6). 당신의 육체를 깨뜨려서 우리를 구속하셨습니다. 하나님의 사랑을 보이셨습니다. 자신을 바친 그 사랑 안에서 우리를 하나님 자녀 삼으셨습니다.

> 자기 아들을 아끼지 아니하시고 우리 모든 사람을 위하여 내주신 이가 어찌 그 아들과 함께 모든 것을 우리에게 주시지 아니하겠느냐(롬 8:32).

맺음말

하나님이 헌금보다 먼저 원하시는 것은 우리 자신입니다. 우리 자신을 먼저 하나님께 드릴 때, 헌금은 향기로운 제물이 됩니다. 그것은 오직 하나님을 의지하며 산다는 고백이기 때문입니다.

넘치도록 헌신한 마게도냐 교회를 하나님이 기뻐하신 것도 물질 때문이 아니라 그들이 먼저 하나님께 자신을 드렸기 때문이었습니다.

만물은 하나님의 것입니다. 물질은 우리를 위해 있고 우리는 하나님을 위해 있습니다. 자신을 하나님 앞에 드린다면 물질은 이미 그분의 것이니 헌금으로 드리는 것이 얼마나 쉬울까요?

성경적인 헌금 생활로 돌아가십시오. 참된 예배 회복을 위해 꼭 필요한 일입니다.

우리의 헌금도 불꽃처럼 드려져야 합니다.

찬송은 살아 계신 하나님과의 교제입니다. 하나님께 드리는 노래입니다. 하나님의 존재와 성품을 기리는 노래입니다. 하나님의 높으심과 이루신 일들을 통해 드러난 그분의 성품을 찬미하는 것입니다.

제7장. 어느 사형수의 노래

마음에 노래가 있는 예배입니까?

"이때에 모세와 이스라엘 자손이 이 노래로 여호와께 노래하니……"
출애굽기 15장 1절

어느 해, 서울에 있는 교도소에 설교하러 갔습니다. 교도소 간부는, 예배드리고 싶어하는 재소자는 많은데 예배 시간과 장소는 한정되어 있다고 설명하면서 말했습니다. "여기 예배에 모인 재소자들은 치열한 경쟁률을 뚫고 예배에 참석할 기회를 얻은 사람들입니다."

집회를 마치고 예배실을 나올 때였습니다. 누군가 교도소 안에서 제작된 소식지를 건네주었습니다. 거기에 실린 간증 하나가 제 눈길을 끌었습니다. 그 주인공은 엽기적인 살인 행각으로 온 국민에게 충격을 주었던 살인범이었습니다. 그는 사형 언도를 받고 형 집행일을 기다리고 있었습니다.

그는 어느 집사님의 끈질긴 전도를 받고 회심하였습니다. 그가 자신을 전도한 집사님께 보낸 간증 형식의 편지 사본이 그 소식지에 실려 있었습니다.

그는 자기에게 복음을 전해 준 사람에게 이렇게 썼습니다.

집사님, 제가 왜 그렇게 바보 같은 인생을 살았는지 모르겠습니다. 이제 와 생각하니 제 눈에 무엇이 씌었던 것이 틀림없습니다. 저는 죄에 대한 대가로 죽지만 제 죄는 죽음으로도 용서받을 수 없을 겁니다. 그렇지만 제가 여기서 하나님을 알게 된 것을 생각하니 은혜가 너무 감사하여 눈물만 흐릅니다. 저는 요즘 늘 이 찬송을 부릅니다.

나 같은 죄인 살리신 주 은혜 놀라워
잃었던 생명 찾았고 광명을 얻었네.

그는 자신의 장기를 모두 환자들을 위해 기증하고 형장의 이슬로 사라졌습니다.

은혜받은 성도의 마음에는 찬송이 있습니다. 지난날이 후회스럽지만 베풀어 주신 은혜를 찬송합니다. 오늘 힘든 일이 있지만 감사합니다. 그래서 찬양합니다.

한 사람이 흥얼거리는 노래는 그의 정서를 말해 줍니다. 그는 그런 정서에 어울리는 삶을 살아갑니다. 성도들의 마음속에는 언제나 찬송이 있어야 합니다. 지금 여러분의 마음에는 어떤 찬송이 울려 퍼지고 있습니까?

찬송은 설교를 기다리기 위한 준비 순서가 아닙니다. 또한 설교가 끝난 후 마무리로 부르는 것도 아닙니다. 헌금이 다 걷히기를 기다리며 부르는 노래도 아닙니다.

마음을 담지 않고 중얼거리는 말을 기도라고 할 수 없듯이, 교회 안에서 부르는 노랫가락이라고 모두 찬송일 수 없습니다. 찬송은 살아 계신 하나님과의 교제입니다. 따라서 특정한 사람들이 부르는 것만으로는 충분하지 않습니다.

진정한 예배 찬송이 되려면 함께 불러야 합니다. 온 교인이 함께 찬송하고, 그것을 통해 경배받으시는 하나님의 열납하심이 있어야 합니다. 그 표증으로 하나님의 은혜가 임할 때 비로소 진정한 의미의 찬송이 됩니다.

은혜받은 성도의 노래

애굽을 탈출한 이스라엘 백성들이 첫 번째 난관을 만났습니다. 그것은 홍해였습니다. 홍해 바다가 가는 길을 막고 있었고, 뒤로는 애굽 왕 바로가 보낸 600대의 병거가 그들을 추격하고 있었습니다(출 14:6-7). 앞에는 넘실대는 파도, 뒤에는 추격하는 군사들의 함성 소리가 진퇴양난의 위기에 몰린 이스라엘 백성들을 두렵게 하였습니다.

이때 모세는 바다 위로 손을 내밀었습니다. 여호와께서 큰 동풍으로 밤새도록 바닷물을 물러가게 하셨습니다. 드디어 바다가 갈라졌습니다. 벽처럼 서 있는 물 사이로 마른 땅이 드러났습니다. 이스라엘 백성들은 홍해를 건넜습니다(출 14:21-22).

이스라엘 백성들이 모두 바다를 건넜을 때, 하나님은 모세에게 명하셨습니다. 물이 애굽 사람들과 그들의 병거들과 마병들 위에 다시 흐르게 하셨습니다(출 14:26). 다시 합쳐진 물은 애굽의 모든 병거와 마병들을 덮었습니다. "물이 다시 흘러 병거들과 기병들을 덮되 그들의 뒤를 따라 바다에 들어간 바로의 군대를 다 덮으니 하나도 남지 아니하였더라"(출 14:28).

늘 의심이 많고 잘 믿지 못하는 이스라엘 백성들이었습니다. 그러나 이때만큼은 달랐습니다. 그 놀라운 광경을 지켜보면서

하나님이 그 일을 행하셨음을 인정하지 않을 수 없었습니다. 이 것이 단지 바닷물이 좌우로 밀리고 갯벌이 드러난 썰물 현상 같은 것이 아니었기 때문입니다. "이스라엘 자손이 바다 가운데를 육지로 걸어가고 물은 그들의 좌우에 벽이 되니"(출 14:22).

그들은 바다 속에서 물고기들이 오가는 모습을 볼 수 있었을 것입니다. 마치 수족관을 바라보듯이 말입니다. 얼마나 놀라운 경험이었을까요?

모든 원수들은 수장되었습니다. 이스라엘 백성들은 홍해 건너편에 이르게 되었습니다. 거기서 그들이 제일 먼저 한 일이 있었습니다. 무엇이었을까요? 그들을 구원하신 하나님을 찬송하는 것이었습니다.

> 이때에 모세와 이스라엘 자손이 이 노래로 여호와께 노래하니……
> (출 15:1).

그 유명한 구원의 대서사시가 바로 이렇게 탄생했습니다. 여기서 우리는 찬송에 있어서 중요한 한 가지 원리를 발견합니다. 그것은 우리의 마음에 찬송할 이유가 있을 때에 찬송다운 찬송이 나온다는 것입니다.

찬송다운 찬송이 되려면

청소년 집회에 말씀을 전하러 갔을 때의 일입니다. 주최 측은 찬양에 상당히 마음을 썼던 것 같습니다. 한 트럭은 족히 될 듯한 음향 장비와 악기가 동원되었습니다.

한 시간 가까이 뜨겁게 찬송을 하고 나서 잠시 몇 가지 광고가 있었습니다. 다시 찬송이 계속되었습니다. 인도자가 다시 찬송을 하자고 할 때 제 옆에 있던 학생들이 투덜거렸습니다. "에이 씨, 우린 힘들어 죽겠는데 자꾸 찬송하래……."

찬송다운 찬송이 되기 위해서 먼저 해야 할 일이 있습니다. 예배 시간에 마음을 집중해서 하나님의 성품과 행하신 위대한 일들을 묵상하는 것입니다.

이스라엘 백성들은 위대한 구원을 경험했습니다. 그러자 백성 전체가 거대한 성가대가 되었습니다. 은혜에 대한 현재적인 체험이 있을 때 찬송은 마음 중심에서 우러나옵니다.

하나님의 구원 행동이 있었습니다. 이스라엘의 불평이 변하여 찬송이 되었습니다. 그들은 감격하였고 그 감격은 찬송으로 이어졌습니다. 찬송을 통해 무엇을 해보려는 의도를 갖고 있지 않았습니다. 단지 그들의 마음을 표현했을 뿐입니다.

그들은 홍해에서 하나님을 만났습니다. 그들을 보호하시는 위대한 능력을 체험하였습니다. 그 구원 경험은 노래가 되었습니다. 그것이 찬송입니다.

흔히 찬송을 통해서 예배자에게 감동을 주고 싶어합니다. 감정을 불러일으키고자 합니다. 많은 악기를 동원하는 것도 이 때문입니다. 심지어 감동을 주려는 심리적인 기법도 동원됩니다. 그러나 이것은 잘못된 것입니다.

올바른 순서는 이것입니다. 하나님이 계시하신 성품을 회상합니다. 또 그 성품에서 비롯된 구원과 은혜에 대해 감격합니다. 그리고 예배에서 만나 주실 하나님을 기대하며 찬송하게 됩니다.

예배를 통해 구원의 은혜를 경험해야 합니다. 그때 우리는 하나님을 진심으로 찬송하게 됩니다.

찬송으로 교인들의 정서를 겨냥하는 것은 옳지 않습니다. 깨달음 없이 직접 어떤 감정을 불러일으키려고 하는 것은 좋지 않습니다. 그것은 올바른 예배 정신에 부합하지 않습니다.

먼저 마음을 하나님의 성품에 집중해야 합니다. 우리를 위하여 이미 행하신 일들을 기억해야 합니다. 참된 부흥이 있는 곳에는 마음에서 우러나오는 찬송이 있습니다. 이것은 하나님이 즐겨 받으시는 영적 제사입니다.

찬송은 내용이 있는 가락입니다. 찬송은 하나님 앞에서 부르는 노래입니다. 인간은 노래하기 좋아하는 본성이 있습니다. 하나님은 이것을 아시고 찬송을 부름으로 신앙에 유익이 되도록 하셨습니다.

하나님을 찬송하는 것은 신자의 본성과 잘 어울리는 일입니다. 진실로 마음에서 우러나오는 찬송을 부르기만 한다면 말입니다. 찬송은 우리의 마음을 하나님께로 향하게 합니다.

만약 찬송이라는 은혜의 수단이 없다면 우리의 삶은 얼마나 건조하겠습니까? 예배 속에 찬송이 없다면 분위기가 얼마나 우울하겠습니까?

오늘날의 예배를 보십시오. 점점 더 많은 악기가 동원되고, 성가대의 규모는 커졌습니다. 오케스트라가 들어서고, 전에 볼 수 없던 새로운 음향 기기와 조명 기구들이 들어왔습니다. 그러나 예배자의 마음속에 울려 퍼지는 영혼의 찬송이 없다면 모두 쓸모없습니다.

가장 좋은 찬송은 하나님의 백성들이 모두 함께 노래하는 것입니다. 예배 찬송의 중심은 회중 찬송입니다. 전문적인 음악 전공자들의 연주를 듣는 것도 나쁘지 않습니다. 성가대의 찬양을 들음으로 은혜받는 것도 좋습니다. 그러나 보다 더 강조되어야 할 것은 온 교인이 함께 부르는 찬송입니다.

이스라엘 백성들이 홍해를 건넌 후에 찬송을 부른 사람이 누구였습니까? 소수의 사람들이 아니었습니다. 미리암의 소고 소리에 맞춰 모든 사람이 함께 찬송하였습니다. 홍해 건너편에 구름같이 모인 백성들이 모두 함께 소리 높여 위대한 일을 행하신 하나님을 찬송했습니다(출 15:1-21).

형식과 자유의 조화

찬송에서 또 하나 생각해야 할 것이 있습니다. 형식과 자유의 조화입니다. 예배에는 일정한 규모가 있어야 합니다. 예배를 위한 부름, 참회와 고백, 그리고 기도가 있어야 합니다. 하나님의 말씀을 증거하는 순서도 있어야 합니다. 찬송과 헌금, 축도의 순서가 있어야 할 것입니다.

이 중에 어떤 순서들은 형편에 따라 조정될 수 있습니다. 기본적인 형식은 성경적으로 지지를 받고 있는 예배 형식입니다. 이것들을 완전히 무시하는 것은 예배에 있어서 자유의 한계를 넘어서는 것입니다. 그것은 예배라고 할 수 없습니다.

요점은 이것입니다. 예배에서 자유가 아무리 강조되어도 형식을 갖추어야 합니다. 예배를 몇 시간 내에 끝내야 한다는 것은 성경적인 형식에 해당하는 것이 아닐지 모릅니다. 그러나 예배에는 분명히 일정한 형식이 있어야 합니다. 성경과 전통, 그리고 상황에 맞는 적용이 조화를 이루어야 합니다.

예배 시간이 너무 긴 것도, 너무 짧은 것도 바람직하지 않습니다. 다만 예배 속에서 성령이 자유롭게 역사하실 여지를 남겨 주어야 합니다. 예배 시간을 아껴서 어디에 쓰겠습니까?

찬송 순서에도 자유함이 있어야 합니다. 찬송할 때 예배자들은 하나님의 성품을 묵상해야 합니다. 하나님을 뵈옵길 사모하는 마음으로 가득해야 합니다. 예배 중 찬송 시간이 다소 길어질 수도 있고, 설교가 빨리 끝날 수도 있습니다. 또 그 반대일 수도 있습니다. 예배자들은 그런 가능성에 대해 어느 정도 열린 마음을 가지고 있어야 하지 않겠습니까?

예배에서의 참된 자유는 찬송에서도 존중되어야 합니다. 저는 우리의 예배가 임하신 은혜 때문에 그런 파격을 경험하게 되기를 기대합니다. 한없이 하나님을 찬송해도 흐르는 눈물을 닦을 수 없는 예배가 되었으면 좋겠습니다.

우리의 예배에서 놀라운 구원의 사랑을 아무리 노래해도 감격이 사라지지 않게 되기를 기도합니다. 찬송을 드리고 설교를 듣고 주일 예배를 마치니 하늘의 별이 총총하더라는 간증을 들을 수 있게 되기를 진심으로 바랍니다.

찬송은 하나님께 드리는 것

찬송은 하나님께 드리는 것입니다. 찬송가도, 유행가도 모두 노래이지만 찬송 부르는 자세와 마음가짐은 달라야 한다는 것입니다. 성경은 말합니다.

……이 노래로 여호와께 노래하니……(출 15:1).

요즈음은 소위 CCM(Contemporary Christian Music)이라고 해서 멜로디만 가지고는 세상의 노래인지 교회 음악인지를 분간할 수 없는 노래들이 유행하고 있습니다. 외국에서는 헤비메탈 음악에 복음적인 가사를 실어서 연주하기도 한다고 합니다.

어떤 사람들은 오직 시편만을 가사로 삼은 찬송을 불러야 한다고 합니다. 칼빈 시대에 사용한 제네바 찬송가만 써야 한다고 합니다. 그런 극단적인 현상에 동의할 수는 없습니다. 그렇다면 이 문제에 대해 어떻게 갈피를 잡아야 할까요?

저는 현대 음악을 따라 찬송을 부르는 것에 대해 좀 너그러워져야 한다고 생각합니다. 자기들 시대의 가락으로 하나님을 찬송하는 것은 의미 있기 때문입니다. 이것은 문화를 반영하는 것이기 때문입니다.

그러나 염두에 두어야 할 사실이 있습니다. 그것은 찬송을 부르는 마음과 자세에 관한 것입니다. 세속의 음악을 즐기는 것과 같이 가벼워져서는 안 된다는 것입니다. 가사의 내용과 상관없이 가락에 취해서는 안 됩니다.

찬송의 곡조는 최대한 가사에 집중할 수 있게 하는 멜로디여야 합니다. 그러한 찬송이 예배자로 하여금 은혜를 갈망하며 찬양하도록 도와줍니다. 하나님의 은혜를 경험하는 가운데 찬송이 드려져야 합니다. 그러나 여기에서도 숙제가 남습니다. 무엇일까요?

예배를 통해서 은혜를 받는 것은 예배자의 영적이고 정신적인 경험입니다. 우리가 마음먹는다고 그렇게 되는 것은 아닙니다. 때때로 기도할 때 온몸을 감싸는 것 같은 포근함을 경험할 때가 있습니다. 그것도 그렇게 경험하고 싶다고 되는 것이 아닙니다. 하나님이 은혜를 주셔야 가능합니다.

대규모 성가대와 악기, 음향 장비가 신령한 은혜를 불러일으키지는 못합니다. 그것은 우리의 마음에서 시작됩니다. 하나님과의 만남을 기대해야 합니다. 하나님의 임재 속으로 이끌어 주시길 간구해야 합니다. 그런 기대와 믿음으로 찬송해야 합니다.

찬송을 부를 때 딴생각을 하는 것은 예배의 정신이 아닙니다. 그래서 찬송을 부를 때, 멜로디에 취하는 것이 아니라 가사를 깊이 생각해야 합니다. 그렇지 않으면 그것은 그저 노래 부르는 것입니다. 같은 찬송을 반복해서 마음을 다해 부르는 것이 유익한 것도 바로 이 때문입니다.

예배자가 찬송의 가사를 암송하는 것은 매우 유익합니다. 시선을 다른 데 빼앗기지 않을 수 있기 때문입니다. 눈을 감고 묵상하며 마음으로부터 우러나오는 찬송을 할 수 있기 때문입니다.

예배 때 부르는 찬송가의 가사와 곡조를 처음부터 끝까지 모두 외우고 있다면 좋을 것입니다. 그래서 오직 하나님만 생각하며 눈을 감고도 찬양할 수 있다면 얼마나 자유로울까요?

연주자들은 악보 없이 연주하고, 부르는 사람들은 가사를 묵상하며 찬송한다고 생각해 보십시오. 그렇게 되면 온전한 헌신의 정서 속에서 신앙을 고백하게 될 것입니다. 그래서 성경을 암송하는 것도 좋지만, 찬송가 가사를 암송하는 것도 매우 유익합니다.

오래도록 늘 불러서 마음에 있고 그 가사가 마음을 적시는 찬송은 거룩한 정서를 불러일으킵니다. 그 정서를 통해 마음이 열려 기도할 수 있게 됩니다. 말씀을 들을 수 있게 됩니다.

요점은 이것입니다. 찬송은 하나님께 드리는 것인데, 기도와 마찬가지로 현재적인 은혜를 경험할 때 잘 된다는 것입니다.

은혜 속에서 살아가는 사람은 항상 예배드릴 준비가 되어 있습니다. 구원의 은혜에 눈물 흘리는 사람은 이미 예배를 드리고 있는 사람입니다. 일주일 동안 기도와 찬송의 은혜를 간직하며 살다가 온 사람들은 이미 예배를 시작한 사람입니다.

이런 사람들은 하나님을 만나기 위한 별도의 준비가 필요 없습니다. "같이 기도합시다."라고 할 때, 마음 깊은 샘에서 기도가 터져 나올 것입니다. "함께 찬양합시다."라고 할 때, 영혼의 울림과 함께 찬양이 넘칠 것입니다.

그러나 대부분의 예배자들은 그렇지 않습니다. 하나님의 말씀에 젖어 들 때까지는 마음의 각질을 걷어 내는 시간이 필요합니다. 예배가 한없이 길어져서도 안 되지만 시간에 쫓겨서도 안 되는 이유가 바로 이 때문입니다.

어릴 적 장터에 가면 구경거리가 하나 있었습니다. 바로 대장간입니다. 살갗이 검게 탄 근육질의 남자가 땀을 뻘뻘 흘리면서 풍구(風具)를 돌립니다. 강력한 바람이 한곳으로 모아지면서 역청탄이 소리를 내며 시뻘겋게 타오릅니다. 그 불 속에 철판을 자른 조각들을 넣습니다.

화로에서 시뻘겋게 달궈진 쇠를 집게로 꺼내 모루 위에 올려놓습니다. 크지 않은 망치를 가지고 아주 빠르게 두들깁니다. 불과 몇 초 만에 원하는 모양이 만들어집니다. 몇 차례 더 화로와 모루 사이를 오가면서 두드립니다. 예리하게 날이 섭니다. 이런 식으로 낫이나 칼, 호미 같은 것을 만듭니다. 쇳덩어리가 불에 달궈지지 않고는 그런 기구로 만들어질 수 없습니다.

우리의 심령도 마찬가지입니다. 마음이 은혜의 정서로 따뜻해지고 말씀하시는 하나님의 심정과 일치되어 보십시오. 고함치는 설교가 아니라 속삭이는 설교로도 커다란 회심을 경험할 것입니다. 우레와 같은 설교를 통해서만 영적 각성이 일어나는 것은 아닙니다.

찬송은 하나님을 향해 마음을 열리게 합니다. 세속적 정서를 버리게 하고, 마음을 은혜의 정서와 일치시킵니다. 하나님을 높이면서 마음에 변화가 일어나게 됩니다. 하나님의 말씀에 잘 다듬어질 수 있는 마음의 상태가 되는 것입니다. 이것 또한 찬송의 유익입니다.

하나님의 창조하심을 찬송함

우리는 무엇 때문에 하나님을 찬송합니까? 이 질문은 주님이 찬송 받으시는 이유를 묻는 것입니다. 그리고 어떻게 믿음으로 살아야 하는지를 가르쳐 주는 것입니다. 하나님을 찬송해야 하는 이유는 크게 네 가지입니다. 창조하심과 선택하심, 구원하심과 은혜 주심이 바로 그것입니다.

첫째로, 하나님의 창조하심을 찬송해야 합니다. 예배자들에게 하나님의 창조주 되심이 중요한 찬송의 제목이 되어야 합니다. 성경은 말합니다.

> 해와 달아 그를 찬양하며 밝은 별들아 다 그를 찬양할지어다 하늘의 하늘도 그를 찬양하며 하늘 위에 있는 물들도 그를 찬양할지어다 그것들이 여호와의 이름을 찬양함은 그가 명령하시므로 지음을 받았음이로다(시 148:3-5).

온 천하 만물이 하나님을 찬송해야 한다고 말합니다. 그리고 인간은 만물 중 하나님의 창조에 대해 가장 잘 알고 있는 존재입니다. 인간의 의무는 창조주 하나님을 찬송하는 것입니다.

오늘날 약화된 것이 창조 신앙입니다. 하나님은 온 우주와 인간을 지으신 분이십니다. 하나님의 광대하심과 위엄, 거룩한 영광과 능력을 알 때, 우리는 찬송하지 않을 수 없습니다. 그리고 자신이 하나님 앞에서 지극히 작은 피조물일 뿐임을 깨달을 때 찬송하게 됩니다.

고백적인 찬송은 마음을 하나님께 바치게 합니다. 찬송할 때 하나님의 창조주 되심에 주목하십시오. 이렇게 하는 찬송은 인간의 참된 위치를 생각나게 합니다. 겸손해지게 합니다.

이런 찬송이 예배 앞부분에 위치하는 것은 적절합니다. 인간사에 함께 섞여 계시는 하나님이 아니라, 피조물과 전적으로 구별되는 주님으로 찬송하는 것은 적합합니다. 이것은 하나님의 존재의 거룩하심을 찬송하는 것입니다.

> 저 높고 푸른 하늘과 수많은 빛난 별들을
> 지으신 이는 창조주, 그 솜씨 크고 크셔라.
> 날마다 뜨는 저 태양, 하나님 크신 권능을
> 만백성 모두 보라고 만방에 두루 비치네.

예배를 통해 하나님은 우리와 비교될 수 없는 무한한 존재이심을 확인해야 합니다. 그 고백이 찬송에 담겨야 합니다. 그분은 창조주이시고 우리는 피조물이니, 살아 있는 동안 그분을 찬송함이 본분임을 확인해야 합니다.

세계가 하나님으로 말미암아 창조되었음을 깨달아야 합니다. 그래서 땅만 바라보며 살던 인간들이 예배를 통해 하늘을 보게 되어야 합니다. 온 땅과 하늘 위에 홀로 높으신 영광의 하나님을 생각해야 합니다.

만물과 함께 우리도 하나님이 만드셨기에 존재함을 깨닫는 시간이 되어야 합니다. 이것이 찬송의 이유입니다. 존재하는 모든 사물들의 '있음'은 창조주께 빚지고 있다는 사실을 고백할 수 있어야 합니다. 그래서 예배를 드리고 나면, 이 땅의 것들은 작아 보이고 하늘의 것들이 커 보이게 되어야 합니다.

하나님의 선택하심을 찬송함

둘째로, 하나님의 선택하심을 찬송해야 합니다. 구원에 이르도록 선택하심을 찬송해야 합니다. 성경은 다음과 같이 말합니다.

> 여호와를 찬송하라 여호와는 선하시며 그의 이름이 아름다우니 그의 이름을 찬양하라 여호와께서 자기를 위하여 야곱 곧 이스라엘을 자기의 특별한 소유로 택하셨음이로다(시 135:3-4).

하나님이 우리를 구원받을 자로 선택하셨기에 찬송하지 않을 수 없습니다. 하나님의 선택은 우리에게 은총이기 때문입니다.

예배하기 위해 모였을 때 우리가 선택받은 사람들임을 마음에 새겨야 합니다. 하나님의 은혜로 선택받은 것을 찬송해야 합니다. 죄에서 구원하심에 감사해야 합니다. 구원의 은혜를 전파하도록 부름받은 사실을 기억해야 합니다.

모든 일이 예배를 통해서 이루어져야 합니다. 찬송도 이러한 일을 위해 있고, 이런 예배 목표에 기여해야 합니다.

하나님의 구원하심을 찬송함

셋째로, 하나님의 구원하심을 찬송해야 합니다. 그리스도의 속죄를 찬송해야 합니다. 왜냐하면 그 속죄하심으로 우리가 하나님의 자녀가 되었기 때문입니다. 또한 선택받은 죄인들을 향한 구원의 길을 열어 주셨기 때문입니다.

하나님을 예배하지 않고는 살아갈 수 없습니다. 우리는 구속받은 자녀로서 예배하지 않을 수 없는 이유를 가진 사람들입니다.

우리를 택하시고 구속하신 하나님을 찬양합니다. 경배합니다. 선택하심에 합당한 삶을 살지 못했던 자신을 돌아보며 회개합니다. 구속하신 주님을 찬송하면서 어두운 세상을 불꽃처럼 살지 못한 것을 뉘우칩니다.

이렇게 울려 퍼지는 찬송은 우리의 고백입니다. 하나님이 구원해 주신 것보다 더 큰 자랑거리가 없음을 고백합니다. 그 찬송의 고백 속에서 은혜를 받습니다. 그 은혜에 대한 찬송 속에서 하나님과 교제합니다. 영적인 연합의 축복을 누립니다. 십자가가 가장 중요한 찬송 제목이 되는 이유가 바로 이 때문입니다.

십자가를 모르고는 참된 예배자가 될 수 없습니다. 그리스도의 고난에 참여하는 경험이 동반될 때, 더욱 감격적인 예배를 드리게 됩니다. 그리고 예배를 통해 구원받은 자로서 십자가 그늘 밑에서 진정한 쉼을 얻을 수 있습니다.

예배의 감격은 십자가에 대한 현재적 체험의 반복입니다. 차갑고 형식적인 예배를 드리는 교회마다 피 묻은 복음이 사라진 강단이 있었습니다. 냉담한 교인들이 있었습니다. 십자가에 대한 감격을 회복하면 예배는 회복됩니다.

십자가의 구속을 찬송할 때 얻는 유익이 또 있습니다. 영적 생활의 순발력입니다. 침체에 빠진 영혼을 다시 일어서게 합니다. 미끄러지는 자를 즉각적으로 붙들어 줍니다.

언젠가 부산의 한 교회에서 주최하는 전도 집회에 설교자로 초빙을 받았습니다. 불신자 1만 명을 초청하여 복음을 전하는 큰 집회였습니다.

공항으로 가면서 마음이 편하지 않았습니다. 전날 밤 몸이 많이 아팠습니다. 온몸에 피곤함이 몰려왔습니다. 눈을 감고 마음속으로 기도도 해보고 마음도 다스려 보았지만, 복음에 대한 감격이 생기지 않았습니다.

공항이 가까워질수록 마음은 조급해졌습니다. 잠시 후 중요한 집회에서 설교해야 할 텐데 쉬고 싶은 생각뿐이었습니다. 이제 두 시간 후면 불신자들 앞에 서야 하는데 말입니다.

비행기는 이륙했고, 밀려오는 피로감을 느끼며 의자에 몸을 기댔습니다. 그리고 눈을 감았습니다. 그 순간 마음속에 한 곡조의 찬송가가 떠올랐습니다. 그것은 점점 더 큰소리로 울리며 마음에 다가왔습니다.

오, 거룩하신 주님 그 상하신 몸
멸시와 욕 가시관 쓰셨네.
주님이 당하신 고난 이 죄인을 위함이니
범죄한 날 위해 주 욕을 보셨네.
나 무엇으로써 그 은혜 보답하리까.
무한하신 주의 사랑 고맙고도 크도다.
내 평생 사는 동안 주 위해 살리라.
주님의 뜻대로 나 평생 살리라.

눈을 감은 채 고요히 찬송했습니다. 마음속에서 나 같은 죄인을 살리는 은혜가 샘물처럼 솟아오르기 시작했습니다. 그리고 복음의 내용들이 메마른 마음을 적셨습니다.

순식간에 마음속에 수많은 구원의 언어들이 샘솟았습니다. 신기하게 육체의 피로도 사라졌습니다. 십자가를 묵상하고 기도했습니다. 설교자로 세워 주신 은혜에 감사했습니다. 잠시 후 저는 그 마음으로 복음을 증거했습니다. 후회가 없는 설교였습니다. 찬송의 힘을 새삼 느꼈습니다.

하나님의 은혜를 찬송함

넷째로, 하나님의 은혜를 찬송해야 합니다. 하나님의 은혜는 우리를 위기로부터 건져 주시는 것으로 나타납니다.

홍해를 건넌 이스라엘 백성은 거대한 성가대가 되었습니다. 여호와의 위대하심을 노래했습니다. 위기에서 건져 주시는 하나님을 만났기 때문입니다. 그것이 이스라엘에게는 은혜였습니다.

> 그날에 여호와께서 이같이 이스라엘을 애굽 사람의 손에서 구원하시매……이스라엘이 여호와께서 애굽 사람들에게 행하신 그 큰 능

력을 보았으므로 백성이 여호와를 경외하며 여호와와 그의 종 모세를 믿었더라(출 14:30-31).

먼저 예배자들이 일상에서 하나님의 도우심의 은혜를 경험해야 합니다. 그래야 자신의 간증을 찬송에 담을 수 있습니다. 은혜로운 예배를 드릴 수 있습니다.

한 주간 동안 찬송하지 않을 수 없는 은혜의 간증이 있다면 예배자들은 전심으로 찬송할 것입니다. 한 주간 동안 하나님과 동행하는 삶을 살지 못하기 때문에 찬송할 수 없는 것입니다. 그래서 마틴 로이드존스(D. Martyn Lloyd-Jones, 1899-1981)는 노래하기 전 하나님과의 관계를 새롭게 하도록 충고하였습니다.

> 지금은 노래할 때가 아닙니다. 생각해야 할 때이고, 설교해야 할 때이며, 죄를 깨달아야 할 때입니다. 하나님의 말씀과 악을 향한 그분의 진노와 우리의 어리석은 모든 죄악들을 외쳐야 할 때입니다. 노래할 때는 나중에 찾아올 것입니다. 위대한 부흥이 임하고, 하늘의 창이 열리며, 수천 명의 사람들이 하나님의 나라에 들어가게 될 때, 바로 그때가 노래할 때입니다.[16]

---

[16] D. Martyn Lloyd-Jones, *Revival* (Basingstoke: Marshall Pickering, 1986), 63.

맺음말

우리는 하나님을 찬송합니다. 또한 예배에서 이 땅의 모든 그리스도인들이 찬송하지 않을 수 없는 은혜를 경험하도록 기도해야 합니다. 마지못해 예배하는 성도들이 없도록 간구해야 합니다. 기뻐하는 마음으로 은혜의 감격 속에서 하나님을 경배하도록 부르짖어야 합니다. 우리가 하나님을 찬송할 뿐만 아니라, 이 세상 모든 피조물들이 하나님을 찬송하게 되는 그날을 바라보며 예배드려야 합니다.

찬송 속에 영혼의 진실한 고백이 스며들도록 하나님께 매달려야 합니다. 모든 예배자들이 온 마음을 다해 찬송할 수 있는 영광스러운 예배로 돌아가게 해 달라고 매달려야 합니다. 거룩한 부흥을 위해 기도해야 합니다. 그때 예배당은 감격에 찬 찬송으로 가득 차게 될 것이기 때문입니다.

우리의 찬송은 불꽃처럼 드려져야 합니다.

범죄한 후, 다윗은 제사를 통해 하나님과의 관계를 회복하고자 했습니다. 그러나 이 일을 위해서 죽은 짐승이 아닌 새로운 제물이 필요함을 깨달았습니다. 그것은 바로 상하고 통회하는 마음이었습니다.

제8장. 더 값진 예물

참회가 있는 예배입니까?

"하나님께서 구하시는 제사는 상한 심령이라
하나님이여 상하고 통회하는 마음을 주께서 멸시하지 아니하시리이다"
시편 51편 17절

예배의 위기는 신앙의 위기입니다. 은혜 없는 예배가 예배자답게 살지 못하게 합니다. 하나님의 은혜는 마음을 깨뜨리며 부어집니다. 예배는 상한 마음으로, 통회하는 심령으로 드릴 때 하나님께 열납됩니다.

다윗은 순전하고 흠 없는 삶을 살아왔습니다. 그러나 일생에 두 번의 커다란 죄를 범합니다. 하나는 인구 조사를 실시한 것이었고(삼하 24:1), 또 하나는 우리아의 아내 밧세바와 동침한 것이었습니다(삼하 11:4).

인구 조사는 행정적인 행위였기에 그 자체가 문제는 아니었습니다. 그러나 신앙적으로는 문제가 되었습니다. 당시 인구 조사는 단지 백성들의 수를 헤아리는 것이 아니라 국력을 조사하는 것이었습니다. 특히 싸움에 나갈 병력의 숫자를 헤아리는 것이었습니다. 하나님은 다윗이 그렇게 하는 것을 싫어하셨습니다.

병사와 백성의 수를 의지하거나 자랑하는 것을 원치 않으셨습니다. 당신만 의지하기를 바라셨습니다.

문제는 다윗의 마음이었습니다. 하나님만 의지하던 마음이 변했습니다. 자신의 왕국이 얼마나 대단한지 확인하고자 했습니다. 그것이 하나님 앞에 문제가 되었던 것입니다. 결국 하나님의 징계가 있었습니다. 7만 명의 백성이 전염병으로 죽었습니다(삼하 24:15). 다윗은 회개하였습니다.

다윗의 참회시

시편 51편은 참회시로 불립니다. 다윗이 밧세바와 간음한 후에 겪은 정죄 의식과 용서의 경험을 노래하고 있습니다. 다윗에

게 그것은 그의 마음에 있었던 은혜의 세계를 허물어 버리는 커다란 사건이었습니다.

그는 가혹하리만치 긴 세월을 큰 고통과 정죄 의식 속에서 지냈습니다. 경건하고 의롭게 살아온 과거의 이력에 부끄러운 전력이었습니다. 실제로 고통과 아픔을 혹독한 시련 속에서 겪어야 했습니다. 시편 51편은 그가 이러한 범죄 속에서 겪어야 했던 고통을 생생하게 묘사하고 있습니다.

> 나의 죄악을 말갛게 씻으시며 나의 죄를 깨끗이 제하소서 무릇 나는 내 죄과를 아오니 내 죄가 항상 내 앞에 있나이다(시 51:2-3).

다윗은 하나님과의 관계가 단절되는 고통을 경험했습니다. 범죄로 인해 사망의 음침한 골짜기에 들어서게 되었습니다. 탁월한 영적인 삶이 무너졌습니다. 빛나던 지혜의 빛은 사라지고 어두운 혼돈 속을 지나야 했습니다.

아름다웠던 신앙의 정원은 황폐한 들판으로 변했습니다. 육체로는 잠시 만족을 누렸지만, 영혼으로는 곤고하였습니다. 하나님의 마음에 합했던 사람이, 이제는 하나님 보시기에 심히 악한 사람이 되었습니다(삼하 11:27).

하나님과의 관계에서 실패를 경험한 사람들은 영적인 회복을 바랍니다. 이것이 신자의 본성입니다.

범죄로 하나님과의 영적 단절을 경험한 다윗도 회복을 위해 몸부림쳤을 것입니다. 그는 제사를 통해 죄의 문제를 해결해 보려고 했습니다. 그러나 커다란 실패를 경험했습니다. 그는 이렇게 말합니다.

> 주께서는 제사를 기뻐하지 아니하시나니 그렇지 아니하면 내가 드렸을 것이라 주는 번제를 기뻐하지 아니하시나이다(시 51:16).

그는 제사를 통해 죄를 용서받을 수 있을 것이라고 믿었습니다. 그러면 하나님과의 관계가 회복될 것이라고 생각했습니다. 그렇게 알고 있었기 때문입니다. 그러나 아무 소용이 없었습니다. 많은 제물을 드려 제사를 올렸지만 되돌아온 것은 차가운 거절감이었습니다.

죄는 지을수록 사람을 더 속박하는 힘이 있습니다. 죄는 죄지은 자를 종 삼으려고 합니다. 다윗도 이러한 사실을 경험하였습니다. 순간에 저지른 범죄였습니다. 그 범죄를 감추기 위해 충성스러운 우리아를 죽게 했습니다(삼하 11:24). 이처럼 원치 않아도 죄는 또 다른 죄를 낳습니다.

다윗은 자신의 행위가 옳지 않다고 생각했습니다. 그러나 그것을 깨달았을 때는 이미 죄에 깊이 빠져 있었습니다. 자신의 힘으로 벗어날 수 없었습니다. 그는 죄악의 수렁 속에 점점 더 깊이 빠져들어 갔습니다. 영혼의 아름다운 복들을 상실했습니다. 이것은 심히 큰 고통이었습니다.

영혼을 돌이키게 하는 말씀

다윗의 마음에 변화가 일어났습니다. 하나님의 마음을 이해하고 통회하게 되었습니다. 한 사건이 계기가 되었습니다.

그것은 선지자의 지적이었습니다(삼하 12:1-12). 그래서 시편 51편은 다음과 같은 표제를 달고 있습니다. "다윗의 시, 인도자를 따라 부르는 노래, 다윗이 밧세바와 동침한 후 선지자 나단이 그에게 왔을 때."

선지자 나단은 다윗의 잘못을 지적했습니다. 다윗의 죄는 더 이상 숨길 수 없이 드러났습니다(삼하 12:7-9). 그는 하나님 앞에 자복했습니다(삼하 12:13). 하나님께 용서를 구하며 눈물로 참회하였습니다(시 6:6). 자신의 영적인 상태에 대해 애통해했습니다. 이전에 하나님과 나눴던 영적 교제를 회복하고 싶어했습니다.

무엇이 그렇게 만들었을까요? 그로 하여금 자신의 죄를 뉘우치게 한 것이 무엇이었을까요? 잃어버린 영적인 복을 생각나게 한 것은 무엇이었을까요? 왜 그렇게 애통하게 되었을까요?

그것은 나단 선지자의 지적이었습니다. 그것은 하나님의 말씀이었습니다. 하나님의 말씀 없이 영혼의 변화는 없습니다. 죄와 불순종으로부터 돌이키는 것은 불가능합니다.

> 이제 네가 나를 업신여기고 헷 사람 우리아의 아내를 빼앗아 네 아내로 삼았은즉 칼이 네 집에서 영원토록 떠나지 아니하리라 하셨고……네 아내를 빼앗아 네 이웃들에게 주리니 그 사람들이 네 아내들과 더불어 백주에 동침하리라……온 이스라엘 앞에서 백주에 이 일을 행하리라 하셨나이다 하니(삼하 12:10-12).

다윗은 말씀 앞에서 죄가 드러나는 것을 경험하였습니다. 자기가 얼마나 악한 존재인지 깨달았습니다. 회개하게 되었습니다. 그 회개는 죄로 말미암아 사라졌던 소원을 불타오르게 만들었습니다. 그것은 하나님의 얼굴을 뵈옵는 것이었습니다.

지금도 마찬가지입니다. 말씀을 깨닫지 않고는 하나님을 갈망할 수 없습니다. 진리의 빛으로 죄를 보지 않고는 그럴 수 없습니다. 뉘우치며 애통하는 일도 불가능합니다. 영적인 침체로부터 회복되는 것도 불가능합니다. 오직 말씀을 깨달을 때 진정으로 회개하게 됩니다. 하나님과의 관계를 고칠 수 있게 됩니다.

하나님이 원하시는 것은 죄인이 회개하는 것입니다. 하나님과의 올바른 관계로 돌아오기 전에는, 누구도 하나님을 기뻐할 수 없고 하나님을 기쁘시게 해드릴 수도 없습니다. 그가 하나님 앞에 살지 않기 때문입니다.

말씀만이 영혼을 변화시킵니다. 진리만이 하나님 앞에서 자신의 모습을 보게 해줍니다. 오직 말씀으로, 성령의 감화를 받게 하십시오. 마음을 바꿔 하나님 사랑으로 돌아가게 합니다.

용서의 은혜를 사모함

죄 가운데 있는 사람들의 소망이 무엇일까요? 하나님께 돌아가는 것입니다. 예수 그리스도께서 우리를 위해 십자가에 죽으셨습니다. 그분을 믿을 때 죄 사함을 받습니다. 예배를 통해 사죄의 은총에 다시 한 번 감격해야 합니다.

죄 사하심 없이는 영혼의 자유함을 얻을 수 없습니다. 교회의 가장 큰 복은 회개의 영으로 가득 차는 것입니다. 예배자의 마음속에 참회의 영이 충만해지는 것입니다.

다윗은 하나님을 버렸습니다. 그러나 하나님은 다윗을 버리지 않으셨습니다. 선지자를 보내셨습니다. 말씀으로 다윗을 깨우치셨습니다. 그 말씀이 다윗의 가슴을 찔렀습니다.

다윗은 통회했습니다. 잃어버렸던 하나님과의 친밀한 사랑을 그리워하게 되었습니다. 그러나 그럴수록 자신과 하나님 사이를 가로막고 있는 높은 장벽을 발견했습니다. 그것은 죄였습니다. 그것 때문에 하나님과의 화목을 잃어버렸습니다. 그리고 그 화목한 관계는 제사로 회복될 수 없음을 깨달았습니다.

필요한 것은 하나님의 용서뿐이었습니다. 그의 불결한 마음이 변화되어야 했습니다. 정결한 마음으로 바꾸어 주셔야 했습니다. 정직한 영을 새롭게 해주셔야 했습니다(시 51:10).

그는 기름 부음을 받은 자로서 살기를 원했습니다. 그러나 그는 주의 성령이 떠나실 것 같은 두려움을 느꼈습니다. 성령이 떠나실 때 그 말로가 어떠한지를 전임자 사울에게서 목격하지 않았습니까?(삼상 16:14). 그래서 그는 주의 성령을 거두지 마시기를 애원하였습니다(시 51:11). 구원의 즐거움이 사라졌기에 그 기쁨을 다시 회복해 주시길 간구하였습니다.

하나님이여 내 속에 정한 마음을 창조하시고 내 안에 정직한 영을 새롭게 하소서 나를 주 앞에서 쫓아내지 마시며 주의 성령을 내게서 거두지 마소서 주의 구원의 즐거움을 내게 회복시켜 주시고 자원하는 심령을 주사 나를 붙드소서(시 51:10-12).

무엇이 여러분의 삶을 변화시켜 줄까요? 무엇으로 포기한 하나님과의 관계를 새롭게 할 수 있을까요? 하나님의 용서 이외에 무엇으로도 그렇게 할 수 없습니다.

말씀이 죄인을 다시 하나님 앞에 세웁니다. 자기의 삶을 돌아보게 해줍니다. 하나님의 마음을 느끼게 해줍니다. 그때 자신의 죄를 고백하게 됩니다. 진심으로 하나님 앞에 용서받고 싶어하게 됩니다. 다시 하나님의 사랑을 받기를 갈망하게 됩니다.

인간적으로 볼 때, 다윗은 외로운 사람이었습니다. 어린 시절 부모의 사랑에서 소외되었습니다. 아버지의 지독한 편애 속에서 외롭게 자랐습니다. 다윗은 다른 형들만큼 존귀하게 여김을 받지 못했습니다. 형제들에게도 살붙이 취급을 받지 못하였습니다(삼상 17:28). 사랑하던 아내 미갈에게도 존경받지 못했습니다(삼하 6:20). 그리고 집요하게 그의 생명을 위협한 사울은 바로 그의 장인이었습니다.

다윗의 인생에 있어서 특히 가족사는 배신과 무관심으로 점철된 것이었습니다. 그러다가 사랑하는 여인을 만나게 되었습니다. 한순간 행복에 빠졌습니다. 그러나 그것은 안타깝게도 하나님이 미워하시는 불륜이었습니다.

인간적으로는 동정이 갑니다. 그러나 그것은 하나님 앞에서 범죄였습니다. 범죄에 따르는 고통이 있었습니다. 다윗은 평탄한 인생을 살아온 사람이 아니었습니다. 그에게 고난은 익숙한 것이었습니다. 그러나 밧세바 사건을 통해 경험하게 된 고통은 종류가 다른 것이었습니다.

그것은 영혼의 고통이었습니다. 이전에는 시련의 골짜기에서도 하나님의 얼굴을 뵈옵는 기쁨이 있었습니다(시 23:4). 그래서 낙심치 않고 살아갈 수 있었습니다. 이번 경우는 달랐습니다. 환경은 태평하였지만 마음은 요동쳤습니다. 그토록 사랑하던 하나님의 얼굴을 뵈올 수 없었기 때문입니다. 범죄한 그의 영혼은 심히 곤고하였습니다.

상한 심령으로 드리는 예배

다윗은 커다란 고통 속에서 하나님을 만났습니다. 그분의 성품을 새롭게 깨달았습니다. 범죄와 징계 속에서 하나님이 어떤 분이신지 새삼 알게 되었습니다. 그의 신앙은 더욱 깊어졌습니다.

주께서는 제사를 기뻐하지 아니하시나니 그렇지 아니하면 내가 드렸을 것이라 주는 번제를 기뻐하지 아니하시나이다(시 51:16).

이스라엘 백성들은 제사를 중심으로 모였습니다. 그들의 삶의 중심에는 예배가 있었습니다. 예배는 제사로 표현되었습니다.

다윗은 많은 금과 은을 모으고 물질들을 비축하였습니다. 성전을 짓고자 함이었습니다. 비록 자기 시대에 성전을 건축하는 것이 거절되었지만, 성전에 대한 그의 열망은 제사에 대한 기대를 보여주는 것입니다.

그의 시대의 성소는 제사를 생각나게 했고 제사는 하나님과의 만남을 떠오르게 했습니다. 이전에 다윗 자신도 제사를 통해서 하나님과 많은 교제를 나누었습니다.

그런 시대에 하나님이 제사를 즐겨 하지 않으신다고 한 그의 고백은 충격적이었을 것입니다. 당시 제사장들이나 백성들은 그 말을 듣고 깜짝 놀랐을 것입니다. 그러나 그것은 하나님과의 관계를 붙들고 처절히 씨름하면서 깨닫게 된 진리였습니다. 그것은 이것입니다. "헌제자와 제사는 분리되지 않는다."

이것은 신자의 영적 생활의 측면을 보여줍니다. 주님이 받으시는 것은 태워 드리는 짐승의 연기가 아닙니다. 뿌리는 피가 아닙니다. 잘라 드린 짐승의 고기가 아닙니다. 먼저 받으시는 것은 제물을 가지고 나아오는 헌제자의 마음입니다. 다윗이 이 사실을 깨달은 것입니다.

> 하나님께서 구하시는 제사는 상한 심령이라 하나님이여 상하고 통회하는 마음을 주께서 멸시하지 아니하시리이다(시 51:17).

주님이 구하시는 것은 상하고 통회하는 마음입니다. 하나님이 받으시는 제물은 상한 심령을 가진 예배자들입니다. '상한 심령', 이것은 원어적으로 '깨어진 심령'이라는 뜻입니다. '통회하는 마음'은 '짓이겨져 으깨어진 마음'이라는 뜻입니다. 자기 사랑과 자기 의에 대해 깨어진 마음입니다.[17]

하나님은 상처 입은 심령을 받으십니다. 그 심령은 자신의 죄를 깨달으며 깨어진 마음입니다. 자기를 신뢰하던 마음이 깨어진 것입니다. 자기를 사랑하던 삶을 후회하고, 미워하고 처벌하는 마음입니다. 이것은 죄를 발견하고 상처받은 마음입니다. 용서로 회복되기를 바라는 마음입니다. 주저앉는 대신 하나님만 바라보는 마음입니다. 이것은 세상 사랑 때문에 상한 마음이 아닙니다. 하나님이 바라시는 자신이 되지 못했기에 고통하는 마음입니다.

---

[17] 김남준, 『자기 깨어짐』 (서울: 생명의말씀사, 2008), 24.

예배를 통해 우리가 죄인임을 깨달아야 합니다. 하나님 앞에 살기를 갈망해야 합니다. 그때 상한 마음이 됩니다. 거룩하신 하나님을 생각할수록 비참한 자신을 알게 됩니다. 전심으로 용서하시는 은혜를 바라게 됩니다. 그 마음이 예배자가 하나님께 바쳐야 할 최고의 제물입니다.

다윗은 범죄의 고통 속에서 이러한 복음적 사실을 깨달았습니다. 그는 탄식하며 절망하지 않을 수 없었습니다. 그것이 그의 마음을 상한 심령 되게 했습니다. "나는 범죄하였고 더러워졌다. 내가 어떻게 거룩하신 하나님 앞에 나아갈 수 있을까?"

교회 생활을 돌아보십시오. 요즘처럼 형식적인 신자들이 많은 시대에는 이 교훈이 더 소중하지 않습니까? 자기의 심령을 제물로 드려 본 적이 있습니까? 깨뜨려진 마음을 제물로 바치는 예배를 언제 드렸습니까? 하나님을 만나고자 하는 갈망이 가득한 예배를 어디서 드렸습니까?

마음이 가난한 자를 찾으시는 하나님

매주 예배드리지만 회개할 줄 모르는 예배자들을 보십시오. 아무 제물도 없이 빈손으로 하나님께 나아온 사람들입니다.

그런 사람이 어찌 하나님을 만날 수 있겠습니까? 결코 하나님을 만날 수 없을 것입니다.

그런 사람들이 모인 예배는 침묵 속에 드려질 것입니다. 그런 예배자들을 보고 눈물 흘리는 설교자도 없다면 어떻게 될까요? 그들은 아무 소용도 없는 일을 반복하는 것입니다. 하나님 없이 예배드리는 것입니다. 예수님은 팔복을 설교하시는 첫머리에서 이렇게 말씀하셨습니다.

> 심령이 가난한 자는 복이 있나니 천국이 그들의 것임이요(마 5:3).

애통하는 자에게는 위로를, 온유한 자에게는 땅을 주시지만, 심령이 가난한 사람에게는 천국 자체를 주십니다. '심령이 가난한 자'는 원어적으로 '파산 선고를 받은 사람의 마음'이라는 뜻입니다. 스스로 자기를 구할 수 없기에 오직 하나님께만 희망을 두고 도움을 간구하는 마음을 가진 사람입니다.

예수님이 지상에 계시던 때를 생각해 보십시오. 의롭게 산다고 뽐내던 사람들은 천국을 소유하지 못했습니다. 종교 생활에 열심을 내던 사람들도 하나님 나라 바깥에 있었습니다. 오히려 하나님 나라는 죄인과 허물 많은 자들의 것이었습니다. 그들이 상한 마음으로 회개하였기 때문입니다.

그들이 하나님의 나라를 먼저 맛보았습니다. 하나님의 은혜를 경험하였습니다. 그 나라를 소유했습니다. 단지 죄인이었기 때문이 아니라 심령이 가난했기 때문입니다. 하나님 나라는 마음이 상한 자에게 주어집니다. 통회하는 자에게 주어집니다. 그가 그리스도의 의(義)를 바랄 것이기 때문입니다.

하나님은 이런 마음으로 당신을 찾는 사람들을 기뻐하십니다. 다윗은 이런 신앙의 이치를 온몸으로 경험하였습니다.

> 여호와는 마음이 상한 자를 가까이하시고 충심으로 통회하는 자를 구원하시는도다 의인은 고난이 많으나 여호와께서 그의 모든 고난에서 건지시는도다(시 34:18-19).

하나님을 향한 갈망이 없다면 빈손으로 예배당에 온 것입니다. 비록 헌금을 준비했을지라도 말입니다. 예배에 많은 사람들이 모여도 하나님을 뵈옵지 못할 것입니다. 상한 심령 없는 예배 생활을 계속하지 마십시오. 하나님의 뜻이 아닙니다.

그 은혜를 사모하십시오. 하나님과의 풍성한 교제 속으로 들어가길 갈망하십시오. 그러기를 갈망하지 않는 자신에 대해 상한 마음을 가지십시오. 영혼의 병든 상태에 대해 슬퍼하십시오. 그 상한 마음으로 통회에 이르십시오.

하나님만 의지하십시오. 그분만 사랑하십시오. 간절하고 열렬한 예배자가 되기를 갈망하십시오. 말씀에 마음을 기울이십시오. 진지해지십시오. 그런 마음으로 예배를 드려서 하나님을 만나십시오.

하나님은 마음이 가난한 자에게 말씀하십니다. 상한 심령을 가진 사람에게 당신을 보이십니다. 그 사람은 자기가 싫어지고 하나님이 그리워진 자이기 때문입니다. 그는 다른 어떤 것으로 위로받거나 만족할 수 없습니다. 오직 하나님과의 깊은 교제만을 타는 듯한 목마름으로 갈망합니다. 하나님의 말씀을 갈망합니다(시 42:1-11).

말씀만이 우리를 살릴 수 있습니다. 이 믿음은 예배 속에서 가장 잘 표현되어야 합니다. 상한 마음으로 하나님 만나기를 갈망하는 예배자가 되십시오. 그것이 하나님이 기뻐하시는 예배입니다.

맺음말

시인은 상하고 통회하는 마음으로 참회의 기도를 드렸습니다. 비록 큰 죄를 지었으나 자신의 믿음을 고백합니다.

> 하나님께서 구하시는 제사는 상한 심령이라 하나님이여 상하고 통회하는 마음을 주께서 멸시하지 아니하시리이다(시 51:17).

하나님은 범죄의 크기가 아니라 회개하지 않는 뻔뻔함에 진노하십니다. 범죄한 다윗에게 하나님이 원하시는 것이 무엇이었습니까? 그것은 제사가 아니었습니다. 번제도 아니었습니다. 원하시는 것은 상한 마음이었습니다. 통회하는 마음이었습니다. 죄를 회개하고 다시 하나님을 찾는 마음이었습니다.

하나님을 만나지도 못할 형식적인 예배 생활을 반복하지 마십시오. 영혼의 갈망을 회복하십시오. 많은 제물보다 용서와 은혜를 갈망하는 마음을 드리십시오. 예배 때마다 이러한 사모함으로 하나님 앞에 나아가십시오.

다윗이 큰 죄에도 불구하고 용서받고 하나님과의 교제를 회복하였습니다. 그는 회개를 통해 더욱 순결해졌습니다. 하나님을 더욱 깊이 아는 지식을 갖게 되었습니다.

형식적으로 예배를 드리는 우리에게 말씀하십니다(잠 23:26).
"내 아들아, 네 마음을 내게 달라."

우리의 심령은 불꽃처럼 드려져야 합니다.

그리스도인은 주일을 거룩하게 지킬 의무가 있습니다. 그러나 강요함으로써 그렇게 할 수 있는 것은 아닙니다. 실제로 주일에 영혼의 은혜를 누려야 합니다. 은혜의 기쁨을 충만하게 누릴 때, 주일을 거룩하게 지킬 수 있습니다.

제9장. 웃기는 심포지엄

하나님보다 더 즐거운 것이 없습니까?

"비둘기 파는 사람들에게 이르시되 이것을 여기서 가져가라
내 아버지의 집으로 장사하는 집을 만들지 말라 하시니"
요한복음 2장 16절

어느 교회에서 있었던 일입니다. 주일을 엄격하게 지키기를 원하는 중직자들과 청년들 사이에 갈등이 생겼습니다.

어느 장로님이 당회에서 정식으로 안건을 냈습니다. 청년들이 주일 예배 후 외식(外食)을 하거나 커피숍을 이용하는 것이 성경적으로 옳은지에 대해 교회가 판단해 달라는 것이었습니다. 말하자면 그들을 고발한 것이었습니다.

질의를 받은 교회는 심포지엄을 열기로 했습니다. 교회의 중직자들과 교사들, 청년 대표들이 모여 토론을 벌였습니다. 열띤 공방과 토론 끝에 이렇게 결론이 났습니다.

"주일은 거룩한 날이니 뭘 사 먹는 것이 옳지 않다. 하지만 굳이 매식을 해야 할 경우에는 교인들의 눈에 띄지 않도록 교회에서 멀리 떨어진 곳을 이용하라."

정도의 차이는 있지만 이와 비슷한 갈등을 흔히 경험합니다. 보수적인 연장자들은 요즘 젊은이들이 주일을 지키는 것이 예전의 자신들과 같지 않다고 푸념합니다.

한편, 젊은이들은 그런 성수주일의 개념은 케케묵은 율법주의의 유물이라고 말합니다. 그리스도 안에 있는 자유를 마음껏 누리는 것이 복음적이라고 주장합니다.

이는 젊은이들만의 문제가 아닙니다. 예배도 드리지 않은 채, 주일에 여행을 떠나는 사람들도 있습니다. 바쁜 일이 있으면 아예 교회에 나오지도 않는 신자들도 허다합니다. 오늘날 이런 일은 거의 일반화되어 있습니다.

그러니 주일을 거룩하게 지키자는 주장 자체가 오히려 시대착오적인 율법주의로 비춰지기도 합니다.

안식일과 주일의 신학

신학적으로, 안식일과 주일은 연속성과 불연속성을 함께 갖고 있습니다. 구약과 신약의 두 날이 서로 신학적인 연관성을 갖는 것은 사실입니다. 구약성경 안에서도 안식일의 개념은 창조에서 구속으로 점차 진전을 보이고 있습니다.

하나님의 천지창조의 마침을 기념하기 위해 제정된 안식일의 중심 개념은 쉼(rest)이었습니다.

> 천지와 만물이 다 이루어지니라 하나님이 그가 하시던 일을 일곱째 날에 마치시니 그가 하시던 모든 일을 그치고 일곱째 날에 안식하시니라(창 2:1-2).

이후 안식일에는 새로운 의미가 부여됩니다. 즉 그날을 거룩히 지키는 것은 하나님이 이스라엘을 애굽의 속박으로부터 건져 주셨기 때문이라는 것입니다. 안식일의 중심 개념이 구원(salvation)이 되었습니다.

> 일곱째 날은 네 하나님 여호와의 안식일인즉……너는 기억하라 네가 애굽 땅에서 종이 되었더니 네 하나님 여호와가 강한 손과

편 팔로 거기서 너를 인도하여 내었나니 그러므로 네 하나님 여호와가 네게 명령하여 안식일을 지키라 하느니라(신 5:14-15).

안식일을 지킬 의무는 율법을 통해 강조되었습니다. 구약의 안식일은 천지창조의 마침을 기릴 뿐 아니라, 구원의 성취를 통해 누리게 될 구속의 안식을 바라본 것이었습니다. 나아가서 하나님 나라에서 누리게 될 영원한 안식을 바라보는 것이었습니다. 이 구약의 안식일이 신약에 와서는 예수 그리스도께서 부활하신 주일(主日, Lord's day)이 됩니다(계 1:10).

두 날이 구속사적으로 연결되는 것은 사실입니다. 그러나 주일과 안식일은 질적으로 같지 않습니다. 옛 언약과 새 언약이 통일성을 가지고 있지만 새 언약이 시기적으로뿐만 아니라 질적으로도 다른 것처럼 말입니다.

주일의 중심은 율법이나 인간의 편의가 아닙니다. 우리를 구원하신 그리스도입니다. 따라서 주일을 거룩히 지키는 것은 하나님의 징벌에 대한 두려움 때문이 아닙니다. 조상의 유전을 답습하는 열성 때문도 아닙니다.

주일은 그리스도의 날입니다. 그리스도와 우리 사이에 일어난 가장 커다란 사건을 기념하는 날입니다. 그 사건이 무엇입니까? 그것은 십자가로 말미암는 구속 사건입니다.

주일은 구원받은 성도들이 은혜에 감격하여 하나님을 예배하는 날입니다. 영혼을 말씀으로 채우고 지체들과 교제하는 날입니다. 그 중심에 예배가 있습니다.

의무에 매이지 않는 사람들

주일을 거룩하게 지내야 합니다. 형편이 어떠하든지, 신앙의 상태가 어떠하든지 그렇게 해야 합니다. 그것은 신자의 의무입니다. 특히 하나님을 예배하는 일에 집중하고 경건하게 보내야 합니다.

그러나 요즘, 이러한 의무는 현저히 무시되고 있습니다. 성경의 가르침에 크게 상관하지 않습니다. 자기 편의대로 살려고 합니다. 이러한 상황에서 어떻게 하면 주일을 거룩히 지키게 할 수 있을까요? 아무리 심포지엄을 열고 목소리를 높여도 신자들은 아랑곳하지 않습니다.

강요로 주일을 거룩히 지키게 할 수는 없습니다. 단지 의무감이 아니라 영적 유익을 누림으로 그날을 거룩하게 지켜야 합니다. 무엇보다도 예배를 통해서 영혼의 축복을 누릴 수 있어야 합니다.

주일에 하나님을 예배하는 것을 기뻐할 수 있어야 합니다. 주일을 그렇게 보내는 것보다 더 가치 있는 다른 것을 찾지 못하는 성도들이 되어야 합니다.

언젠가 제가 설교하던 공동체에 영적 부흥이 일어났습니다. 예배 시간에 하나님이 지체들을 특별히 만져 주셨습니다. 그 후에 나타난 가장 뚜렷한 변화는 예배 태도였습니다.

예배가 시작되기 한 시간 전부터 예배당에 모이기 시작하였습니다. 두 가지 이유 때문이었습니다. 예배에 은혜 주시길 기도하기 위함이었고, 앞자리에서 예배드리기 위함이었습니다.

예배 중에는 성령이 함께하셨습니다. 거듭나지 못한 영혼들은 복된 회심에 이르렀고, 회개하는 심령들은 어루만져졌습니다. 하나님의 사랑과 위로의 손길이 있었습니다.

매주 두 시간 가까이 예배를 드렸습니다. 아주 소수의 지체들을 제외하고는 대부분 집중하여 설교를 들었습니다. 예배가 끝난 후에는 바닥에 엎드려 기도하거나 옆에 있는 지체의 어깨에 기대어 우는 지체들이 있었습니다.

점심 식사를 마친 후에도 그들은 교회에 남길 원했습니다. 말씀을 배우고 열렬한 기도 모임을 가졌습니다. 예배에 나오지 않은 지체들을 심방하였습니다.

그것은 주일을 지키지 않으면 벌을 받을지도 모른다는 두려움 때문이 아니었습니다. 누군가의 강요 때문이 아니었습니다. 하나님의 집에서 맛보는 영혼의 기쁨 때문이었습니다.

저는 확신합니다. 목회자와 교인들이 마음을 다하여 간절히 기도한다면, 지금과는 달리 주일을 거룩하게 지킬 수 있을 것이라고 말입니다. 온 교회가 한마음이 되어 보십시오. 하나님과의 만남이 있는 예배가 되게 해 달라고 부르짖어 보십시오. 주일이 거룩한 날임을 예배자들이 알게 해 달라고 기도해 보십시오. 설교자는 예배 속에서 하나님 임재를 누리게 해 달라고 열렬히 기도해 보십시오.

주일날, 교회는 사람으로 가득 차고 그 사람들은 하나님으로 가득 차게 될 것입니다.

회칠한 무덤

이스라엘이 하나님 사랑에서 떠났던 때를 생각해 보십시오. 그때도 엄격하게 율법을 지켰습니다. 절기를 준수하고, 성회로 모였습니다. 그러나 하나님은 그런 이스라엘이 드리는 제사를 기뻐하지 않으셨습니다(사 1:13). 삶이 없는 예배였기 때문입니다.

이스라엘 백성들의 삶. 겉으로는 경건한 듯하였으나 마음은 하나님께로부터 멀어졌습니다. 형식은 있었으나 참된 경외심은 잃어버렸습니다. 그런 백성들이 드리는 제사와 종교적 의례는 오히려 하나님을 모욕하는 것으로 간주되었습니다.

이러한 사실은 예수님이 서기관들과 바리새인들을 향해 지적하신 말씀을 통해서도 잘 나타납니다.

> 화 있을진저 외식하는 서기관들과 바리새인들이여 회칠한 무덤 같으니……겉으로는 사람에게 옳게 보이되 안으로는 외식과 불법이 가득하도다(마 23:27-28).

당시 이스라엘 사람들의 무덤은 굴에 시신을 안치하고 입구를 막는 모양이었습니다. 무덤의 입구는 사람들의 눈에 잘 띄도록 하얗게 분을 칠했습니다.

예수 그리스도께서 문을 흰색으로 칠한 것에 대해 비난하시는 것입니까? 무덤의 문은 색칠하지 말라고 하시는 것입니까? 그 문을 무덤과 그 속에 있는 송장에 어울리도록 지저분하게 만들라는 것입니까? 그렇지 않습니다.

비난의 표적이 된 것은 회칠한 문이 아닙니다. 그 속에 있는 썩은 시체와 부패한 뼈다귀입니다.

그것은 서기관과 바리새인들에게 하신 말씀입니다. 썩은 시체와 같은 내면의 죄악들을 버리라고 지적하신 것입니다. 시체와 같은 죄악과 뼈다귀 같은 부패들을 보지 못하는 영적 무지에서 깨어나라는 말씀이었습니다.

마음 깊은 곳에 변화를 받아 위선과 거짓된 삶을 버리라는 뜻이었습니다. 겉모습과 속마음이 일치하게 거룩한 자가 되라는 뜻이었습니다.

주일을 지킴에 있어서 형식은 필요 없다고 생각하지 마십시오. 이제는 그리스도 안에서 자유가 주어졌으니 아무렇게나 해도 괜찮다고 말하지 마십시오. 그것은 성경적이지 않습니다.

사람들의 심령에 부흥이 일어나 보십시오. 그들은 주일을 거룩하게 지킬 때 가장 만족합니다. 그들에게 그날은 휴일이 아니라 주의 날이기 때문입니다.

거룩히 보내야 할 주일

주일을 위해 신자는 몸과 마음을 잘 준비해야 합니다. 주일의 예배와 섬김, 휴식을 위해 미리 모든 일을 정돈해 두어야 합니다. 이날에는 특별히 하나님을 생각하는 일에 집중해야 합니다.

어느 교회가 주일을 거룩히 지키고 있다고 자부할 수 있겠습니까? 은혜로운 예배는 주일을 거룩히 지키게 하고, 거룩하게 주일을 지킨 성도들은 한 주간을 승리하며 삽니다. 또 그렇게 승리하며 살았던 성도들이 진정으로 하나님을 예배할 수 있습니다. 죽은 주일을 보낸 성도는 나머지 6일도 하나님 앞에서 살 수 없습니다.

개인적으로 주일을 거룩하게 지켰던 때를 기억해 보십시오. 그때 풍성했던 은혜 생활에 대해 생각해 보십시오. 그리고 지금 주일 예배를 어떻게 보내고 있는지 반성하십시오.

예배 속에 은혜가 가득할 때는 고백과 삶이 일치됩니다. 죄로부터 각성을 경험하고 영적으로 새롭게 깨어나 보십시오. 하나님이 누구신지를 알게 될 것입니다. 하늘의 영광과 영혼의 기쁨을 소유하게 될 것입니다. 그리스도에 대한 가슴 벅찬 사랑과 감화가 주일을 기다리게 만들어 줄 것입니다.

예배를 통해 새롭게 하나님을 만나십시오. 그분의 임재를 경험하십시오. 신령한 복을 받으십시오.

주일을 거룩히 지키는 것을 의무로만 이해하지 마십시오. 영적인 복의 관점에서 생각하십시오. 주일을 기다리는 신앙을 가지십시오. 하나님과의 만남이 있는 예배를 간절히 사모하십시오. 거기서 충만한 은혜를 누리십시오.

18세기 뉴잉글랜드의 영적 대각성과 부흥의 중심에 있던 인물이 있습니다. 바로 미국 식민지 시대의 대표적 설교자이자 신학자인 조나단 에드워즈(Jonathan Edwards, 1703-1758)입니다.

그가 노샘프턴(Northhampton)에서 목회하던 때였습니다. 그때 일어난 부흥의 사건들을 기록한 『놀라운 회심 이야기』(*A Faithful Narrative*)에 나오는 다음 일화는 우리에게 교훈을 줍니다.[18]

다섯 살이 채 안 된 한 어린아이가 부모와 함께 에드워즈의 교회에 출석하고 있었습니다. 그 마을에 영적 각성이 일어나고 있을 때였습니다.

이미 회심을 경험한 오빠의 신앙 이야기를 들은 이 아이는 자신의 구원에 관하여 진지하게 고민하기 시작했습니다. 그러고는 믿음과 영혼의 문제에 대해 염려하게 되었습니다. 아이는 하루에도 몇 번씩 어디론가 사라지곤 했습니다.

어느 날 골방에서 크게 부르짖으며 간구하는 아이의 기도 소리가 들려왔습니다. 아이가 격하게 울면서 기도한 내용은 자기를 구원해 달라는 것이었습니다. 기도를 끝내고 그 아이는 엄마

---

[18] 이 글은 조나단 에드워즈가 기록한 피비 바틀릿(Phebe Bartlet)이라는 아이의 회심이야기를 요약한 것이다. Jonathan Edwards, *A Faithful Narrative*, in *The Works of Jonathan Edwards*, vol. 4 (New Haven: Yale University Press, 1972), 199-205.

에게 하나님이 만나 주신 것과 죄를 용서하시고 구원해 주신 것을 간증하였습니다.

회심 이후로 아이는 두 가지 점에서 뚜렷하게 달라졌습니다. 하나는 친구들에게 열심히 신앙에 대하여 이야기하는 것이었고, 또 하나는 주일을 기다리는 것이었습니다.

아이는 주일이 되기 전부터 종종 이렇게 물었습니다. "엄마, 몇 밤을 자면 주일이야?" 엄마가 그에게 되물었습니다. "왜 그렇게 교회 가는 것이 좋으니?" 아이는 대답했습니다. "그날은 에드워즈 목사님의 설교를 듣는 날이기 때문이에요."

엄밀히 말해서, 주일을 거룩하게 지키지 못하게 하는 요인은 교회 바깥보다 교회 안에 있습니다. 초대 교회의 성도들과 종교개혁 시기를 생각해 보십시오. 어둠에서 깨어난 성도들이 제일 먼저 누렸던 은혜는 예배였습니다. 복음의 말씀이었습니다. 그들은 한마음으로 드리는 참된 예배 속에서 하나님이 얼마나 위대하신 분이신지를 깨달았습니다.

우리에게 시급한 일이 있습니다. 침묵 이상의 예배를 드려야 합니다. 하나님의 임재가 있는 예배를 드려야 합니다.

그러면 주일을 더욱 거룩하게 지킬 수 있을 것입니다. 성도들은 그날을 그리워할 것입니다. 주일에 맛보는 은혜를 기다릴 것입니다. 주일에 하나님을 예배하는 것을 영광스러운 특권으로 생각할 것입니다. 예배당은 하나님의 영광으로 가득 차고 사람들은 모두 엎드려 하나님을 경배할 것입니다(대하 7:3).

1843년, 스코틀랜드의 로버트 맥체인(Robert Murray M'Cheyne, 1813-1843) 목사는 29세라는 젊은 나이로 세상을 떠났습니다. 짧지만 불꽃 같은 삶을 살았던 그의 한 일화는 주일의 참된 의미를 가르쳐 줍니다.

그는 이스라엘 선교에 깊은 관심을 가지고 있었습니다. 헌신자들과 함께 선교 여행을 하던 중 사막을 지나게 되었습니다. 그때 일행은 물이 없어서 많은 고통을 받았습니다. 이집트의 발틴(Balteen)이라는 곳에서의 일이었습니다.

그날은 마침 주일이었습니다. 그들을 안내하던 아랍인이 날씨가 용광로처럼 뜨겁고 먹을 양식도 충분하지 않다는 이유로 계속해서 여행하기를 고집했습니다. 그러나 거룩한 안식일에 좋으신 하나님을 즐거워할 특권을 빼앗길 수 없었던 맥체인은 다음과 같이 말했습니다.

> 주일의 안식은 사람들이 많은 도시만이 아니라 이 광야에서도 똑같이 우리의 영혼을 위해 필요합니다. 황량한 이 땅에서 하나님께

영광을 돌릴 사람이 없다면 우리라도 이 적막한 땅을 찬양의 노래로 가득 채워야 하지 않겠습니까?[19]

그에게는 하나님을 찬양하는 것이 영혼의 휴식이었습니다. 주님께 영광 돌리는 것이 기쁨이었습니다. 전심으로 예배하는 것이 영혼을 보양하는 것이라고 믿었습니다.

그는 다른 사람을 비난하지 않았습니다. 자신에게 가장 좋은 편을 택했습니다.

우리는 선교 초기에 주일을 거룩하게 지키도록 배웠습니다. 믿음의 선조들이 주일을 거룩히 지킬 수 있었던 것은 말쟁이들의 변론이나 심포지엄 덕택이 아니었습니다. 하나님을 만나는 예배 때문이었습니다. 우리의 영혼에 임하는 거룩한 은혜 때문이었습니다.

주일을 특별한 날로 여겼습니다. 하나님께 바치기를 원했습니다. 구원하신 그리스도의 은혜를 찬양하길 원했습니다. 거기서 기쁨을 얻었습니다. 성수주일이 꽃다발이라면, 예배는 그 꽃다발의 꽃송이였습니다.

---

19) Andrew A. Bonar, *Memoir and Remains of the Rev. Robert Murray M'Cheyne* (Edinburgh: The Banner of Truth Trust, 1995), 92.

더 이상 말싸움이나 하면서 시간 낭비하지 맙시다. 교회의 역사를 거울로 삼읍시다. 하나님의 백성들이 주일을 거룩하게 지켰던 역사를 살펴봅시다.

오늘날과 비교해 봅시다. 우리에게 주일을 거룩히 지키는 은혜의 기쁨이 있는지 생각해 봅시다. 예배의 감격이 있는지 생각해 봅시다.

영적인 위기에서 벗어나야 합니다. 답답한 현실에 마음 아파해야 합니다. 그리고 교회에 더 큰 은혜를 부어 주시도록 간구해야 합니다. 예배에 하나님의 영광이 임하기를 온 마음을 다해 기도해야 합니다. 간절히 매달려야 합니다.

오늘날 편의주의로 빛바랜 주일을 보십시오. 부러진 십자가 신앙을 보십시오. 이런 식으로밖에 주일을 지킬 수 없습니까? 위대하신 하나님을 이렇게밖에 예배할 수 없습니까?

맺음말

마른 땅처럼 갈라진 그리스도인들의 마음속에 부흥이 일어나야 합니다. 은혜의 강물이 다시 흘러야 합니다. 주일이 얼마나 거룩한 날인지를 알게 되어야 합니다. 그날에 온 성도들이 모여 예배드리는 것이 얼마나 영광스러운 특권인지를 깨달아야 합니다.

그런 거룩한 주일이 그립습니다. 예배당은 성도들로 가득 차고, 성도들은 하나님의 은혜에 감격하는 교회가 그립습니다. 교회 여기저기서 들려오는 벅찬 찬송 소리와 부르짖는 기도 소리가 그립습니다. 성도들의 눈물이 있는 기도와 기쁨으로 가득 찬 교제가 가슴 시리도록 그립습니다.

저는 그렇게 기쁘고 영광스러운 날이 다시 오기를 기도합니다. 그 소망을 가지고 살아갑니다. 마치 시인의 노래처럼 말입니다.

> 여호와께서 시온의 포로를 돌려보내실 때에 우리는 꿈꾸는 것 같았도다 그때에 우리 입에는 웃음이 가득하고 우리 혀에는 찬양이 찼었도다 그때에 뭇 나라 가운데에서 말하기를 여호와께서 그들을 위하여 큰 일을 행하셨다 하였도다(시 126:1-2).

불꽃처럼 드려지는 예배로 주일은 거룩하게 지켜집니다.

참고 문헌

박윤선. 『성경주석: 사도행전』 (서울: 영음사, 1979).

D. A. 카슨 편. 『성경신학 스터디 바이블』 (서울: 복있는사람, 2021).

Baxter, Richard. *The Reformed Pastor* (Edinburgh: The Banner of Truth Trust, 1994).

Bonar, Andrew A. *Memoir and Remains of the Rev. Robert Murray M'Cheyne* (Edinburgh: The Banner of Truth Trust, 1995).

Carter, Grayson. "Law, William," in *Religion Past & Present*, vol. 7 (Leiden: Brill, 2010).

Clarkson, David. "Public Worship to Be Preferred before Private," in *The Works of David Clarkson*, vol. 3 (Edinburgh: The Banner of Truth Trust, 1988).

Dallimore, Arnold A. *George Whitefield: The Life and Times of the Great Evangelist of the 18th Century Revival*, vol. 1 (Edinburgh: The Banner of Truth Trust, 1995).

Edwards, Jonathan. *A Faithful Narrative*, in *The Works of Jonathan Edwards*, vol. 4 (New Haven: Yale University Press, 1972).

Gillies, John. *Historical Collections of Accounts of Revival* (Edinburgh: The Banner of Truth Trust, 1981).

Law, William. *The Works of the Reverend William Law* (1762), Reprint, 9 vols. (Eugene: Wipf and Stock Publishers, 2001).

Lloyd-Jones, D. Martyn. *Revival* (Basingstoke: Marshall Pickering, 1986).

Luther, Martin. "Gospel for the First Sunday in Advent"(Matt. 21:1-9), in *Luther's Works: Church Postil I*, vol. 75 (Saint Louis: Concordia Publishing House, 2013).

_____. "The Gospel for the Festival of the Epiphany"(Matt. 2:1-12), in *Luther's Works: Sermons II*, vol. 52 (Philadelphia: Fortress Press, 1974).

Packer, J. I. *Among God's Giants* (Eastbourne: Kingsway Publications, 1997).

Parker, T. H. L. *Calvin's Preaching* (Louisville: Westminster John Knox Press, 1992).

Rudolph, Erwin P. "Law, William," in *Encyclopedia of Religion*, vol. 8 (Detroit: Thomson Gale, 2005).

Ryle, J. C. "George Whitefield and His Ministry," in *Select Sermons of George Whitefield* (Edinburgh: The Banner of Truth Trust, 1997).

Watson, Thomas. *The Beatitudes* (Edinburgh: The Banner of Truth Trust, 1994).

_____. *The Ten Commandments* (Edinburgh: The Banner of Truth Trust, 1995).

사명선언문

너희가 흠이 없고 순전하여……세상에서 그들 가운데 빛들로
나타내며 생명의 말씀을 밝혀 _ 빌 2:15-16

1. 생명을 담겠습니다
만드는 책에 주님 주신 생명을 담겠습니다.
그 책으로 복음을 선포하겠습니다.

2. 말씀을 밝히겠습니다
생명의 근본은 말씀입니다.
말씀을 밝혀 성도와 교회의 성장을 돕겠습니다.

3. 빛이 되겠습니다
시대와 영혼의 어두움을 밝혀 주님 앞으로 이끄는
빛이 되는 책을 만들겠습니다.

4. 순전히 행하겠습니다
책을 만들고 전하는 일과 경영하는 일에 부끄러움이 없는
정직함으로 행하겠습니다.

5. 끝까지 전파하겠습니다
모든 사람에게, 땅 끝까지, 주님 오시는 그날까지
복음을 전하는 사명을 다하겠습니다.

서점 안내

광화문점   서울시 종로구 새문안로 69 구세군회관 1층
02)737-2288 / 02)737-4623(F)

강남점   서울시 서초구 신반포로 177 반포쇼핑타운 3동 2층
02)595-1211 / 02)595-3549(F)

구로점   서울시 동작구 시흥대로 602, 3층 302호
02)858-8744 / 02)838-0653(F)

노원점   서울시 노원구 동일로 1366 삼봉빌딩 지하 1층
02)938-7979 / 02)3391-6169(F)

일산점   경기도 고양시 일산서구 중앙로 1391 레이크타운 지하 1층
031)916-8787 / 031)916-8788(F)

의정부점   경기도 의정부시 청사로47번길 12 성산타워 3층
031)845-0600 / 031)852-6930(F)

인터넷서점   www.lifebook.co.kr